甲子園の負け方、教えます。

盛岡大学附属高校教頭
澤田 真一

報知新聞社

まえがき

甲子園出場7度で0勝7敗。

春3度、夏6度、秋6度、合わせて15度の岩手県大会優勝。

春秋の東北大会出場計19度。

これが、私の盛岡大学附属高校野球部での18年間の戦績です。甲子園で勝てなかったことは残念ですが、就任当時、無名の弱体チームでしかなかった本校を、7度も連れて行けたことは誇りに思っています。

勇退(解任?)から8年半。輝かしい成績を残した名監督がたくさんいる中、一度も勝てなかった人間が今さら何を語るのかと思われるかもしれません。しかし、野球部の第一線から一歩引き、高校野球を取り巻く教育現場を改めて見渡した時、私の経験が誰かの、何かのヒントになるのではと思うようになりました。そこで、これだけの機会を与えられてなお甲子園という場所で勝利することができなかった自分を懺悔《ざんげ》しつつ、「甲子園の負け方」を披露したいと思います。「負け方」は裏返せば「勝ち方」になります。寝食を忘れるくらい部活動の指導に熱中している方はもちろん、そこまではとても無理だけど一生懸命頑張っている生徒をなんとかして勝たせたいと思っている方、他のスポーツの指導者にもぜひ、読んでいただきたいと思っています。

なお、私は自他ともに認める「野球バカ」であり、もしかしたら適切な表現、言葉遣いに欠ける部分も多々あるかもしれません。

さらに文中で本校の施設面の不十分さを、自分自身の至らなさを棚上げして述べていますが、このような私を監督(教員)として温かい気持ちで支えて下さった経営陣、同僚の先生方には心より感謝するばかりです。

盛岡大学附属高校教頭
澤田　真一

第5章 ひと言足りない

第1章

舞い上がる

◇甲子園7連敗

1995年 夏 1回戦

高知商(高知)	220	000	210	7
盛岡大附	310	000	100	5

[高] 東出康成－山下徹
[盛] 小石沢浄孝、四日市直－関口清治
[二] 滝沢真、小石沢浄孝、関本恭史(盛)猪原俊平(高)

1996年 夏 1回戦

盛岡大附	000	000	000	0
東筑(福岡)	001	010	00×	2

[盛] 西村洋平－永井将人
[東] 石田泰隆－今中泰幸
[二] 石田泰隆、星野奏夏(東)

2001年 夏 2回戦(初戦)

近江(滋賀)	000	211	000	4
盛岡大附	000	100	000	1

[近] 竹内和也、島脇信也、清水信之介－小森博之
[盛] 千葉俊介、山下徹－佐藤貴光
[二] 桝井宏晋(盛)岡義雅(近)

2003年 春 2回戦(初戦)

盛岡大附	000	000	000	0
横浜(神奈川)	500	041	00×	10

[盛] 山下徹－小林雄輝
[横] 成瀬善久、涌井秀章－村田浩明

2003年 夏 1回戦(延長10回)

福井商(福井)	004	002	000	2	8
盛岡大附	010	005	000	0	6

[福] 稗田隼人－吉長珠輝
[盛] 山下徹－小林雄輝
[二] 吉長珠輝、高野和勇(福)三浦怜一郎(盛)

2004年 夏 1回戦

盛岡大附	000	001	010	2
明徳義塾(高知)	252	003	03×	15

[盛] 三浦怜一郎、工藤優輔－小林雄輝
[明] 鶴川将吾－梅田大喜
[三] 鶴川将吾(明)[二] 梅田大喜(明)

2008年 夏 2回戦(初戦)

盛岡大附	000	000	030	3
駒大岩見沢(北海道)	000	013	22×	8

[盛] 鴇田優磨、金沢龍佑、多田倫士－中村健人
[駒] 板木勇幸－松本駿
[本] 佐藤秀輝(駒)[三] 古川翔、及川雄貴(駒)[二] 佐藤秀輝(駒)

投打に充実、就任5年目の甲子園初出場

甲子園5敗。

この記録を持つ選手は、1948年の学制改革以後では早稲田実（東京）の荒木大輔投手（元・ヤクルト）しかいません。

この記録をどう解釈するかは人それぞれかもしれませんが、そもそも、1人の選手が高校3年間で甲子園に出場できる回数は最大で5度。早稲田実があの激戦区・東京を勝ち抜いて5季連続代表になっているということであり、そのすべてで荒木投手に負けがついたということはそのすべてに主戦として登板しているということです。だから、私はすごい記録だと思っています。

対して私の甲子園7敗。

初出場から7連敗した学校はほかに海星（長崎）、岩国（山口）がありますが、1人で7連敗した監督は恥ずかしながら私くらいしか見当たりません。もちろ

ん自慢にもなりませんけどね。後述しますが、盛岡大附の監督を引き受けた当初、環境面は決して恵まれたものではありませんでした。笑い話のようなことも数多く経験しました。そんな中、甲子園に行けたことは誇りであり、支えてくれたみなさんに感謝しています。甲子園に行けた要因と、甲子園で勝てなかった原因。どちらも悩める若き指導者たちの参考になると思って、あの頃の自分に突っ込みを入れながら紹介していきます。

7つの黒星のうち最も印象深いのは、選手も監督も舞い上がってしまった(すみません、私自身が一番落ち着いていませんでした)初出場時です。就任5年目でようやく夏の岩手大会を勝ち抜きました。「1位」と「2位」では、天と地ほどの差があります。1位になることで、選手も私も人間として大きく成長できる機会を得られるのだと分かった1995年は、今でも忘れられない年です。

◇主な甲子園監督初采配からの連続初戦敗退（5連敗以上）◇

連敗	監督名（学校名＝期間）	通算 勝－敗
7	澤田 真一　（盛岡大附＝1995年夏～2008年夏）	0－7
6	有村 増蔵　（鹿児島玉龍＝1956年春～65年夏）	0－6
〃	池田 政雄　（松商学園＝1975年夏～80年夏）	0－6
〃	楠井 克治　（国学院久我山-江の川＝1979年春～95年夏）	0－6
5	三好 泰宏　（東海大四＝1976年夏～81年春）	0－5
〃	鈴木 春祥　（中越＝1978年夏～88年夏）	2－7
〃	河口 雅雄　（岩国＝1993年春～2000年夏）	4－10
〃	得永 祥男　（佐世保工-波佐見＝1974年夏～2001年夏）	0－5
〃	野々村 直通（府中東-開星＝旧松江一＝1979年春～2006年夏）	3－10
〃	佐藤 桂一　（旭川工＝1991年夏～2012年夏）	0－5

◇甲子園初出場から7大会以上連続初戦敗退→初勝利◇

連敗数	学校名	大会	成績	監督
9連敗	盛岡大附	1995年夏	①●5－7　高知商	澤田 真一
		1996年夏	①●0－2　東筑	〃
		2001年夏	②●1－4　近江	〃
		2003年春	②●0－10　横浜	〃
		2003年夏	①●6－8　福井商	〃
		2004年夏	①●2－15　明徳義塾	〃
		2008年夏	②●3－8　駒大岩見沢	〃
		2010年春	①●4－5　中京大中京	関口 清治
		2012年夏	①●4－5　立正大淞南	〃
		2013年春	②○4－3　安田学園	〃
7連敗	長崎海星	1959年夏	②●0－6　平安	川口 昭一
		1961年春	①●0－4　平安	西田 辰夫
		1961年夏	①●0－3　桐蔭	〃
		1963年夏	①●1－7　大宮	清藤 友三郎
		1964年夏	①●2－10　早鞆	〃
		1966年夏	①●5－8　岡山東商	的野 和男
		1967年夏	①●2－4　小倉工	〃
		1968年夏	①○10－1　新潟商	〃
7連敗	岩国	1971年春	①●2－3　徳島商	岡村　寿
		1973年春	①●2－3　鳴門工	岩本　茂
		1993年春	②●12－15　浜松商	河口 雅雄
		1998年春	②●2－9　常総学院	〃
		1999年春	①●2－4　水戸商	〃
		2000年春	①●5－6　長野商	〃
		2000年夏	①●4－14　松商学園	〃
		2003年夏	①○6－0　羽黒	〃

◇開始2時39分、観衆1万

【1回戦・第3試合】

	1	2	3	4	5	6	7	8	9	計
高知商（高知）安打	2	2	0	1	0	1	3	0	1	10
高知商	2	2	0	0	0	0	2	1	0	7
盛岡大付	3	1	0	0	0	0	1	1	0	5
盛岡大付（岩手）安打	2	2	1	0	0	1	2	1	0	9

高知商		打数	得点	安打	打点	三振	四死	犠打	盗塁	失策	通算打率
（中）	江口③	1	1	0	0	0	3	1	0	0	.000
（遊）	猪原③	2	2	1	1	0	1	2	0	1	.500
（二）	横山③	3	0	2	2	0	0	2	0	1	.667
（右）	小松③	5	2	1	1	0	0	0	1	0	.200
右	有友③	0	0	0	0	0	0	0	0	0	——
（左）	岡本③	4	0	1	2	0	1	0	0	0	.250
（捕）	山下②	4	0	2	0	1	1	0	0	0	.500
（投）	東出③	4	0	1	1	2	1	0	0	0	.250
（一）	浜田②	4	1	1	0	2	1	0	0	0	.250
（三）	山本③	2	1	1	0	1	1	1	0	0	.500
	併1残10	29	7	10	7	6	9	6	1	2	.345

盛岡大付		打数	得点	安打	打点	三振	四死	犠打	盗塁	失策	通算打率
（中）	松坂③	3	1	1	1	1	1	1	0	0	.333
（遊）	関本③	4	1	2	1	0	0	1	0	0	.500
（二）	原③	3	0	0	0	1	0	1	0	0	.000
（左）	伊藤③	3	0	0	0	1	1	0	0	0	.000
（捕）	関口③	4	1	2	0	0	0	0	0	0	.500
（右）	滝沢③	2	0	1	1	0	1	1	0	0	.500
（一）	高橋③	3	0	1	0	0	1	0	0	0	.333
（三）	西村②	4	0	0	0	2	0	0	0	0	.000
（投）	小石沢③	3	2	2	0	1	0	0	0	0	.667
投	四日市③	0	0	0	0	0	0	0	0	0	——
代打	永井②	1	0	0	0	1	0	0	0	0	.000
	併0残6	30	5	9	3	7	4	4	0	0	.300

	回数	打者	投球	安打	三振	四死	失点	自責	通算防御率
東出③	9	38	147	9	7	4	5	2	2.00
小石沢③	8	40	155	9	4	9	7	7	7.88
四日市③	1	4	18	1	2	0	0	0	0.00

＞二塁打＝滝沢、猪原、小石沢、関本＞
暴投　東出＝8回、四日市＝9回
◇審判＝田中（球）杉中、子安、小山
◇試合時間　2時間39分

◇1995年の3年生

原　幸弘（主将）
小石沢 浄孝（西武、ダイエー）
関口 清治（現・盛岡大附監督）
高橋 伸也
小田島 務
関本 恭史（立大）
伊藤 昌宏
松坂　渉
滝沢　真
四日市 直（日本石油）
鈴木　淳
橋場 敬介
細田　誠
稲川 政人
金子 貴信
人宮 彰彦
佐藤 れい（マネジャー）
佐々木 淑子（マネジャー）

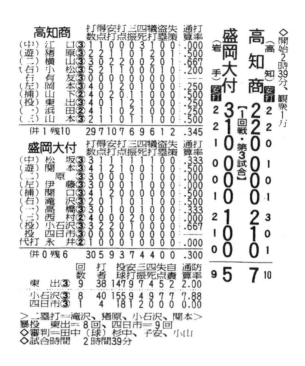

2年目(92年)の秋季県大会で準優勝して以来、大会の度に優勝候補に名前を挙げてもらいましたが、この年は特に自信を持っていました。当時としては戦力的にも人間的にも本当に充実していたのではないでしょうか。「当時として」と付け加えるのは、現在では球速140キロのストレートを投げるピッチャーは決して珍しくありませんが、当時は140キロを超えると驚かれたからです。後にプロ入りするウチのエース右腕・小石沢浄孝(元・西武)も、最速143キロ右腕として全国で注目を浴びていました。ちなみに「報知高校野球」(報知新聞社刊)に掲載された「初戦登板投手の球速ランキング」で、小石沢は141キロを計測して堂々の2位(1位は帝京＝東京＝の2年生右腕・白木隆之投手の142キロ)。さらに写真週刊誌などさまざまな雑誌に、PL学園(大阪)のスラッガー・福留孝介内野手(現・阪神)らと並んで取り上げられたほどでした。今、考えると、これを喜んでいる時点で相当舞い上がっていたんですが……。

ちょっと話はそれますが、その小石沢は中学時代、外野手兼一塁手で、投手になったのは高校入学後でした。

ではなぜ、私は小石沢が投手に向いていると思ったのでしょうか。

それは「肩の強さ」を見たからでした。

盛岡大附の選手の保護者から「徳島県の藍住町に、力強い選手がいる」と聞き、旅費はもちろん〝自腹〟で徳島まで確かめに行きました。そこで見た、小石沢のキャッチボールの球が、とても野手のものとは思えなかったのです。

投手でいける、と確信しました。

彼のお尻がプリッとしていて本マグロに似ていたので、入学後は彼を「本マグロ」と呼んだことは余談です（笑）。

私は自分の直感を信じていましたし、結局その通りになりました。

小石沢のエピソードで伝えたいことは、可能性というものは誰にでもあり、どこでそれが花開くかわからないということです。

選手（生徒）は謙虚であれ。

指導者は先入観を捨てよ、です。

自分の希望、判断は大事だけれど、それにこだわらなくていい。

まずはやってみる、試してみるでもいいんじゃないでしょうか。


話を戻します。

ドラフト候補の小石沢の後ろにも、キレのいい変化球を持ち、真っすぐを待たれていても打たれない四日市直という後に社会人野球・日本石油（現・ＪＸ-ＥＮＥＯＳ）で活躍するほどの右の本格派が控えていました。外野手の伊藤昌宏も１３０キロ台中盤のストレートがあり、先発、抑えを安心して任せられましたし、夏直前の新聞、各雑誌の大会展望では「盤石の優勝候補」に挙げられていました。

しかし、何が起こるかわからない一発勝負の夏に勝つというのは、本当に簡単なことではありません。初戦（2回戦）の盛岡四戦は、２－０というまさに薄氷を踏むような勝利でした。これが、高校野球の怖さです。誰一人として相手をなめてプレーしていた選手がいなかったから良かったものの、ちょっとした心のスキが致命傷になるものです。

その後は3回戦で一関一に10－0、4回戦で水沢一に10－0と大勝。一転、準々決勝は花北商に2－1の辛勝でしたが、準決勝の高田戦は8－1で快勝し、夏は初めて決勝に進出しました。

ファイナルの大舞台を前にした私は、生徒の前では「大丈夫」という顔を作っていました。春の県大会準々決勝では13－3の大差で勝っている花巻北です。「負ける訳がない」と自分自身に言い聞かせていましたが、勝てば春夏通じて初の甲子園出場が決まります。内心は誰よりも緊張していました。空気を読まないだとか、動物的なカンだけで生きていると思われがちですが、私もやはり〝人の子〟だったようです。

球場に入り、選手たちの表情を観察した時には、私とは違い、とてもリラックスしているように見えました。頼もしかったです。ところが試合が始まるや、それは間違いだったことに気付かされました。

選手はガチガチで、チャンスらしいチャンスも作れずに5回を終わって0－0。中盤までは相手に合わせたようなペースで、なんとも嫌な雰囲気でした。

ここで、弱い自分が少しずつ顔を出してきます。

延長になるんじゃない？

小石沢、大丈夫かな？

不安はどんどん増大していきました。

6回裏、現監督でもある捕手で5番の関口清治がレフトポールを直撃する満塁ホームラン！　よっしゃー！　ところが、塁審はファウルのジェスチャーをしました。レフトポール直撃ですよ？　さすがの私も機関銃がそこにあったら、それで撃ちまくって暴れようと思ったくらいです。主審がホームラン、と腕をぐるぐる回してくれたので事なきを得ましたが……。ともかく彼が重苦しい空気を、大きく変えてくれました。

終わってみれば、好敵手の南舘秀昭監督（現在は岩手の県立高校で校長をされています）率いる花巻北高校を10－0、小石沢は1安打完封勝利でした。

本当にほっとした瞬間でした。やっと勝てたんだ、とジンときました。あれだけやったのだから負けるはずはないと思う半面、これで負けたら……と考えもしました。普段は能天気な私でもこんな状態なのですから、決勝戦はやはり独特です。

それに「今年こそは甲子園出場」と言われ続けたプレッシャーもありました。ほんの5年前までの本校の悲惨な状況など、誰も覚えていないような「野球強豪校なんだから勝って当たり前」という空気の中での優勝。私は子供を産んだことはありませんが、産みの苦しみとはまさにこのことでしょう(笑)。

優勝後は報告会、祝勝会、報道各社や役所等への挨拶回りと、時間だけが目まぐるしく過ぎていきました。

心地よい忙しさでした。

しかし、今まで部員たちにかけていた時間が知らず知らずのうちに削られていたことに、その時は気付けませんでした。

もしかしたら初出場Vもできちゃう？

1995年7月26日に岩手大会初優勝。

同8月2日、盛大な壮行会の後、新幹線で大阪へ。

8月4日、甲子園練習。

8月5日、組み合わせ抽選会。

8月10日(大会4日目)、1回戦・高知商(高知)戦。

初めての甲子園球場、初めての組み合わせ抽選会、初めての開会式リハーサル、初めての開会式、初めてのホテル生活……。球場の大きさ、観衆の数、報道陣の数、どれもこれも県レベルとは比較にならないほど、スケールアップされていました。


ちょうどこの年(平成7年)に結婚し、第77回岩手大会で優勝。なんだか語呂が良くて、この大会は「私のための大会」というように位置付けてしまった超プラス思考の私は、甲子園初出場で満足はしていませんでしたし、1勝なんてせこいことは言わず、恥ずかしながら優勝まで狙っていました。私の自信に加え、岩手大会を取材し、甲子園に帯同する地元の記者たちからのささやきも、それはそれは甘いものでした。

「小石沢君のようないい投手がいて、勝てない訳ないですよ」

「打線も悪くないでしょ?」

「狙えますよ、澤田さん。(優勝を)狙えます」

そうか、やっぱり君たちもそう思う?　私は根が単純にできているので、なんだか勝てる気がしてきました。

ただ、具体的にどうすれば優勝できるのか?

優勝するには何をすべきか?

そういうことが自分自身でもアバウトだったため、選手に徹底することができませんでした。相手校の練習をこっそり偵察するなんてこともなければ、ビデオを取り寄せて研究もしませんでした。だいたい、そんなことしなくても「勝てる」くらいに思っていましたから。なんなのこの自信……。

しかも、甲子園に行くまでは喜びと、絶対に勝とうという気持ちしか持っていなかったのに、当時の小田隆博部長、赤坂昌吉副部長（現・本校校長）に「出場校の手引き」を見せられた瞬間、何かが変わりました。「そうだ、自分たちは岩手県の代表として甲子園に行くのだ。とにかく周囲に迷惑をかけないように、岩手県に恥をかかせないように、マニュアル通りに動かなくてはいけない」と思い込んでしまったのです。ただ問題なく試合に臨めさえすればいいと必死になりました。

甲子園期間中は、岩手にいるような日常生活は送れません。例えば、練習場所は日本高野連が指定した場所で2時間。もっと練習したいな、と思っても、グラウンド整備の時間を含めて2時間なので、追われるようにただメニューをこなすことしかできませんでした。これは後に、東北福祉大の1学年後輩である金澤成奉〝大監督〟（前・光星学院＝青森＝監督、現・明秀日立＝茨城＝監督）にこっぴどく叱られました。「先輩、あのね。あんた（彼は先輩の私にいつもこんな口の利き方をするんですよ）、2時間しかないのにギリギリに会場に来て、選手を黙ってじーっと座らせて開始を待っててどうすんの。最低でも1時間前には来て、会場の外でアップさせて、グラウンドに入ったらすぐに動けるようにしなかったら、時間の無駄でしょうが！」。

まさに、おっしゃる通り……。いや、早く行き過ぎると、会場の係の方たちに迷惑かなと気を遣ったんですけど。これは「本音と建前」ですよね。すべて真っ正直に受け止めてやっていたらダメ。気を遣うべきところは遣って、ある程度はこちらの思う通りにやる。甲子園で勝つ指導者なら誰でもわかっているはずの、こんなことさえまったくわかっていませんでした。

そして、初出場のバタバタで完全に舞い上がった私は、投手起用を間違えます。もちろん野球に（すべての事柄にも）、絶対の正解なんてありません。ここからは完全に「たら」、「れば」の世界ですが、少しの気遣いがあ「れば」結果は変わっていた可能性は高いと思っています。

私は何を間違えたのでしょうか。

それは、私の恩師である東北福祉大の伊藤義博監督（2002年8月逝去）に

「複数のいい投手がいるのですが、先発は誰にすればいいですか？」と素直に聞くことができなかったこと。大事な大会の初戦はエースでいく、のが野球のセオリーです。私が選んだのは「エース小石沢先発」でした。初戦の高知商戦でプレーボールがかかるまで、最速１４３㌔を誇る大会屈指の右腕でした。間違ってないでしょう？　セオリー通りなんだから。この時はそう思っていましたが、それこそが落とし穴でした。

小石沢は取材陣に大きなことを言い、マスコミからは「ビッグマウス」の扱いを受けていました。それは、本当の意味で自信を持っていなかったゆえの行動でした。中学時代にすごい経歴があるわけでもなく、どちらかといえばコンプレックスを抱えながらプレーしていた選手だったんです。

今ならよくわかります。もともと強い人間なんて、どこにもいないことを。最初から肝のすわった高校生なんて、数えるほどしかいません。厳しい練習の積み重ねで得た自信や、指導者に〝魔法の言葉〟を掛けてもらって初めて落ち着ける選手がほとんどだと思います。私は甲子園の先発に小石沢を送り出す時、〝魔法の言葉〟を掛けてやれませんでした。それどころか監督としてすべきことに気を取られ、彼のブルペンでの状態も知らずにマウンドに上げてしまったのです。

「お前一人じゃないんだぞ。後のピッチャーもいるからな」

こんなひと言だけでも違ったはずです。

勉強ができ、器用なところもありましたから、

「相手はお前の速球打ちを練習してきているはず。それなら序盤は変化球多め、その後は相手の出方を見ながら緩急を使い、最後は速球で押す。1試合で3役を演じてみろ」

と、アドバイスできていたら、面白がってくれたかもしれません。

また、小石沢はセットポジションの時に足を大きく上げるクセがあり、これについても「走者に二塁に行かれるのはOK。自分のタイミングで投げればいい。三塁に行かせなければいいよ」と声を掛けてやれば、余裕を持てたはずな

んです。自信を持たせ、安心させてやる。それだけで選手は力を発揮できます。今ならもっといい状態で投げさせてやれたのに、と思うと小石沢には申し訳なくて仕方ありません（彼には大人になってから謝りました）。

何の手も打たずに送り出した小石沢は、1回にいきなり連続四死球を与えてしまいます。バント、内野ゴロで2死二、三塁となった後、相手の5番打者・岡本宝晃君に2点適時打。2回にも四球をきっかけに2番・猪原俊平君の三塁線を破る二塁打と3番で主将の横山裕司君の左前適時打で2点。打線が9安打で5点を奪って援護したものの、結局、最後まで立ち直ることができずに終わりました。私の記憶の限りでは、初回に2点を奪われてベンチに戻ってきた小石沢に、気の利いた言葉一つ掛けてやっていません。岩手大会まではそれでも良かったけれど、やはり全国は違います。

もう一つ言えば〝ビッグマウス〟の小石沢は、心の優しい子でした。これも甲子園では裏目に出たと思います。観客のたくさん入った全国の舞台、しかも初戦であれば、審判も立ち上がりは緊張するし、ジャッジに慎重になるものだと思います。なかなか「ストライク」を取れないのも理解できます。投手は自分が「ストライク」と自信を持って投げたボールを「ボール」と判定されたのをきっかけに崩れるケースが多いのですが、だからこそ、そこでもう一度、同じところに投げて「ストライクでしょ?」とやれるくらいの強さがほしい。そういう意味で、小石沢は優し過ぎました。実際、ボールを受けていた現監督の関口は「調子自体は良くも、悪くもなかった。インコースの際どい球を『ボール』と言われて崩れました」と振り返っています。また、「大阪に入ってからが早かった。旅行気分で、旅行の間に試合がある感じ。甲子園に行けてうれしいだけで、絶対に勝たなければという気持ちは選手になかったように思います」とも。選手に勝利を目指す意識を持たせることができなかったのは、指導者として力量のなさ。まあ、それ以前に舞い上がっていましたから、どうしようもありませんでした。

9回、1イニングだけ投げさせた四日市が1安打無失点と好投。引き出しが増えた今の私なら「四日市先発」です。もっと言うなら「先発が四日市、中継ぎに伊藤、そして抑えに小石沢」です。エースにこだわらず、調子のいい投手を先発させるべきだったんです。それなのに、当時の報知高校野球を見ると、私は試合後、こうコメントしています。

「小石沢は最悪の出来。いつ立ち直るかと思ったが、最後までダメ。彼で勝ってきたので（7点目を失った）8回も代えなかった。打線は好投手（東出康成）から9安打と練習の成果が出ました」

私はいったい、何にこだわっていたんでしょうか……。

2016年の夏の甲子園3回戦・鳴門（徳島）戦を前に、私は教え子である関口監督に「球の遅いやつから投げればいいんじゃない？　一人じゃ絶対無理なんだから」と言いました。夏の甲子園で完投するのは容易なことではありません。あの時の私に、これが分かっていたら……。

ちなみに、言い訳になりますが、高知商のエース東出君は右のサイドスローで、130キロ台中盤の浮き上がるようなストレートを投げていました。高校卒業後は同大に進み、その後は社会人の四国銀行のエースとして活躍しました。これほどの投手がいるとも知らずに戦っていたのでは、勝てるわけがありませんね。

甲子園での負け方その1は
「舞い上がること」

これに尽きます。舞い上がるのは、相手のペースに巻き込まれるから起きてしまうんだと思います。私はまず、試合日を迎えるまでのバタバタで我を失いました。我を失い、それまで心掛けてきた選手に対するちょっとした声掛けを忘れました。大事な大会、試合を前に、どれだけ普段の生活、行動を貫き通せるのかが勝敗を分けます。ホテルでの宿泊、食事、グラウンドをお借りしての練習をはじめ、いつもと違う生活の中、普段の生活、行動をしっかりでされば舞い上がらずにすみます。

第1章　舞い上がる

甲子園初出場した1995年夏は舞い上がって力を出せずに終わった

さて、うれしかった甲子園初出場の後日談を少しさせてもらいましょう。あれだけ鍛えた守備が機能しなくて歯がゆい思いはしたものの、失策はゼロ。打線も5点取れた。グラウンドもない、室内練習場もない環境なんだから、初めての甲子園でよくやれたよな。そう思いながら岩手に戻った私を待ち受けていたのは、壮絶なバッシングでした。

盛岡に戻ってすぐに練習を再開しました。東北地区は秋季大会のスタートが早く、次のチームの準備が必要だっただけでなく、周囲の雑音から逃げたかったというのも少なからずありました。

「あの場面でどうして送らなかったのか？　バカ野郎！」

「あの場面でどうして打たせなかったのか？　お前はすぐ辞めるべきだ！」

「もっと早く継投すべきだった。だいたい先発は四日市の方が良かった！」

「酒ばかり飲んでるなよ。どっから金、出てんだよ」

「適当な采配してんじゃねーぞ。ゴミ野郎！」

などなど、数え上げればきりがないほどの叱咤、激励(?)の電話が、学校だけでなく、寮や自宅にまで時間を問わずかかってきました。夜中でも、です。注文していない寿司10人前も届きました。さすがの私も、この時ばかりは「自分も有名になったものだ」とポジティブに考える余裕はありませんでした。それでも目の前には、新チームの選手がいます。そんなことで練習を中断するわけにはいきません。なんとか切り換えるよう努力しました。

私のストレス解消術は「食べること」で、この頃は本当に日に日に体重が増えていくのが分かりました。しかし、精神のバランスを保つためには、食べることもやめられません。当時の体重は、MAXで108キロ。身長は173センチですから、周囲からは「ドラえもん」とか「ガチャピン」とか呼ばれていたものです。あ、もちろん飲食代はすべて自腹ですよ。

甲子園は天国と地獄が一体

まさに、この表現がピッタリでした。お盆に一人になったとき、気が付くと無意識に沿岸の道路を車で走っていて、太い木を見ながら「これで首をくれるかなあ」と真剣に考えている自分がいて、正直驚きました。

振り返れば、ただ意地になっていただけだったんですけどね。

自分の指導方法は間違っていない。だから環境も整わず、お金もない学校をわずか5年で甲子園に連れて行くこともできた。しかも給与、ボーナスはもちろん、親が遺してくれた財産までつぎ込んで、さまざまな用具の購入もしてきた。そこまでやってきたのに、どうして手のひらを返したように悪く言うのか？　どうして、そっとしておいてくれないのか？　当時は腹立たしい思いで体中いっぱいになっていました。

それでは甲子園の負け方2、に行く前に、私がどうして盛岡大附で指揮を執ることになったのか、をお話ししたいと思います。

三沢、青森山田を経て盛岡大附へ

私の指導者生活のスタートは、三沢(青森)でした。東北福祉大卒業後、まずは野球部コーチに就任しました。

私は釜石北(岩手)出身で、青森は縁もゆかりもありません。

ではなぜ、三沢に行ったのか?

それは大学4年の夏休みに、恩師である東北福祉大・伊藤義博監督に「三沢高校に野球を教えてこい」と指示されたことがきっかけでした。

三沢にいたのは約10日間と短い間でしたが、毎日おいしいものをご馳走になっていたため、一所懸命にハッスル(古いですねえ)しながら指導しました。その結果、秋の県大会で優勝できました。そんなこともあり、当時の野球部長・小浜博之先生が「秋から監督をさせたいと考えている。夏までコーチとして来てくれないか」と誘ってくださったのです。

日中は青森県の教員採用試験に向けた勉強をし、放課後から野球部の指導。

給料は月10万円が条件でした。「秋から監督ができればいいな～」くらいの軽い気持ちで了承。頑張って日本史の勉強をし、同時に甲子園を目指しての練習が始まりました。

しかし、春（2回戦・青森戸山に1－9）も、夏（2回戦・八戸工大一に4－8）も、秋（準々決勝・弘前実に1－2）も県大会で負けてしまいました。

9月の終わりに校長室に呼ばれました。校長は「澤田さん、（野球部のコーチを）辞めてもらいますから」と言い、机の中から封筒を取り出して、私に差し出しました。後で確認したら、現金24万円が入っていました。なぜ24万円だったのかは分かりませんが、良く言えば慰労金、悪く考えれば手切れ金のつもりだったのでしょうか。

急に「いらない」と宣告された悲しみの中で、数日間が過ぎました。

落ち込んでいた私は、ちょっとした引きこもり状態になっていました。

なぜ、三沢に来てしまったのだろうか……。
監督の話は？
負けてしまったのは、俺のせいなのか……。
毎日、毎日、そんなことを考えていました。

10月に入り、ポストにハガキが1枚届きました。まるで追い打ちをかけるように、青森県の教員採用試験不合格通知です。

気が付けば、私は小川原湖にいました。ここは三沢市内から車で20分ほどの距離にあり、地元では宝沼《たからぬま》と呼ばれるほど漁獲量が豊富な湖です。ちなみに白魚《しらうお》、ワカサギは全国第1位、しじみ貝も第3位だそうです。

私はただ湖を見つめ、自分を勇気付けようと、あれこれ前向きなことを懸命に考えたものでした。

盛岡大附との出会い

恩師の東北福祉大・伊藤監督から電話を受け、学校法人盛岡大の理事長にお会いしたのは、1990年11月のことでした。当時、何もなくなってしまった私に手を差し伸べてくれた青森山田(青森)で、野球部長として野球を勉強しつつ、部員と泥だらけになって練習していました。

ところが、理事長から「盛岡大附属高校野球部監督に」との話をいただいて、私はすぐに「監督として自分自身の野球経験を試したい」、「高校野球の指導者として全国制覇するのだ」と舞い上がってしまいました(これを書いて気付きました。私はもともと舞い上がりやすい性格のようです)。盛岡大と附属高校のセットで野球部を強化したいとの話で、2年間お世話になってきた青森山田に迷惑をかけることや、盛岡大附に行ったら行ったで、その先に待っていよう、つらい現実や用意される環境、自身の待遇面のことについても全く考えようとせず、監督就任を快諾しました。

後の章で書きますが、盛岡大附は野球をする上で、特に環境面などは充分と言うにはほど遠い状態であり、その時の約束とは大きく異なる点も少なからずありました。しかし私は、監督を引き受けたことを現在も全く後悔していません。こういうところが、私の空気を読めないとか能天気とか揶揄されるゆえんなのでしょう。

ともかく91年春、私は盛岡大附に赴任しました。

当時の本校は、硬式野球部という名前だけがかろうじてある状態でした。甲子園に出場するなど、考えも付かないような学校だったのです。しかし、常にポジティブな私は特に驚くこともなく、学校でも部活動でも生徒に積極的に声を掛け、コミュニケーションを取っていったものですから、彼らの方が若干引いていたようです。みんなおとなしいものでした。

赴任直後の野球部員は10人。当然、頭髪もユニークで、監督である私の話を聞く時ですら「気を付け（直立不動の状態）」をすることができない選手もいました。私がまず始めたことは、生活指導です。高校野球で勝つための練習、技術指導をすること以前の、人として、高校生としてどうあるべきかという指導です。あっという間に5人が辞めました。

そしてそれは、野球部員にとどまらず、全校生徒に対しても平等に、同じように行いました。どんなに引かれても、あえて「空気の読めない澤田」で押し通しました。それから26年が過ぎた現在でも、全校集会では体育館中を歩き回り、服装、頭髪や聞く姿勢に至るまで注意して回っています。

お陰で、私が歩くと生徒がその場からサーッといなくなる、なんてことも少なからずあります。

就任当時の部員とのエピソードを、2つほど紹介します。

練習試合の時でした。

集合時間に遅れた選手がいて、その選手に罰として試合が終わるまでマイクロバスの中で直立不動の状態でいるように命じました。すると試合後、事もあろうにその選手のズボンが濡れていました。よほど私が恐ろしかったのか、あるいは監督の私の言葉は「絶対だ」と思ったのか、その選手は直立不動をやめず、我慢が限界点に達したのだと思われます。

また、別の練習試合での出来事です。

相手選手がセンターへヒットを打ち、本校の中堅手はそれを捕球し損ねてしまいました。ボールは転々とセンターの後ろに転がっていき、中堅手は必死に追っています。私が「ああ、ボールを追いかけて必死に走っているんだろうな」と思ったその時です。中堅手はセンターのフェンスの間を駆け抜け、そのまま逃走しました。一瞬、あっけにとられましたが、そんなことをしても高校生に逃げ切れるわけはありません。結局その後、仙台駅で彼を捕まえ、逃げた理由を問うと「こ、こ、殺されると思いました」と震えながら答えました。私は「殺すわけないだろう。半殺しだ」と返し、その生徒の顔を手で何度も繰り返し触れ(?)ました。

本当にあの頃は、ひどく醜い指導をしていたと思います。「指導」の意味が全く分かっていなかったのです。

それにしても選手たちは私が相当、恐かったんですね。ミスをしただけで、後先考えず逃げるわけですから……。

こんな感じで、澤田野球はスタートしました。

前途多難です……。

青森山田時代の私（右から2人目）。
選手と泥だらけになっていた

コラム 1 私の指導に影響を与えた先生①

雪に埋もれる北国の熱い男
駒大苫小牧（北海道）・香田誉士史監督

駒大苫小牧（北海道）の香田誉士史監督（現・西部ガスコーチ）とは、2001年夏の甲子園の監督会議で意気投合。本校グラウンドは狭くて試合ができないため、駒大苫小牧が毎年5月に行う遠征で青森・八戸市の光星学院（現・八戸学院光星）グラウンドまで来てくれ、数回試合をしました。

香田監督は光星との試合では主戦のマー君（田中将大投手＝現・ヤンキース）を登板させ、ウチとの対戦では2番手投手を登板させるような大変失礼な人ですが（笑）、とても熱い男で、とても強いチームを作っていました。彼は甲子園初出場から3連敗しましたが、自身4度目の挑戦となった04年夏に優勝。翌05年に小倉（福岡）以来57年ぶり6校目となる夏連覇を達成。さらに06年には佑ちゃん（斎藤佑樹投手＝現・日本ハム）のいた早稲田実（西東京）と、決勝戦では三沢（青森）・松山商（愛媛）以来となる史上2度目の引き分け再試合の末、準優勝という華々しい成績というか、信じられないマンガのような結果を残しました。

同じように雪が多く降り、グラウンドでの練習が制限される北国のチームでしたから、とても刺激を受けました。特に、雪の積もる冬場でも内野ノックをすることに驚かされました。本校でも外野ノック、打撃練習はしていましたが、さすがに内野ノックはしていなかったからです。

まず、香田監督は選手を猛烈に怒ります。昔はかなり醜い指導をしていたと自覚している私でさえ「普通、そこまで怒れないよ」と思うくらい。でも、彼には選手との信頼関係がありました。そしてノックがうまかった。ノックのスピードも、打球の速さも感心しました。受けている選手たちも、1つのポジションにだいたい3人の選手が付いているのですが、全員がうまくて肩が強い。師弟のレベルの高さ、質の高さに見ほれたものです。

香田監督と接していて、監督、指導者は周囲の意見に惑わされず、自分自身の指導に自信を持つことが大切だと改めて思いました。この「自信」を周囲が「横柄、生意気」と解するか「しっかりと自分を持って指導している」と解するかは微妙なところです。良く受け止めてもらえるか、悪く判断されるかは、指導者の普段の言動次第なのでしょう。参考までに、私は「生意気」、「横柄」と取られるタイプでした(ああ、残念……)。

そうそう、私の自宅に香田監督を招いて食事をした時のことです。当然、私たちの話題の大半は「野球」についてでした。そこで、私は全国制覇2度の彼に向かって「香田、君よりも僕の方が指導者として上だからね。なぜなら、君は3連敗しかできなかったけど、私は7回も継続したんだから」と言ってやりました。もちろん笑いながらです。彼も私の真意や負けず嫌いな性格を分かっていて、ただ笑っていましたっけ。

第2章

よそゆきを着る

◇開始4時7分、観衆1万3千

【1回戦・第3試合】

チーム	1	2	3	4	5	6	7	8	9	計	安打
盛岡大付（岩手）	0	0	0	0	0	0	0	0	0	0	
安打	2	1	0	2	1	1	0	0	0		7
東筑（福岡）	0	0	1	0	1	0	0	0	X	2	
安打	2	1	1	0	3	1	1	1			10

盛岡大付	打数	得点	安打	打点	三振	四死	犠打	盗塁	失策	通算打率
（捕）永井③	3	0	0	0	0	0	1	0	0	.000
（一）川中③	4	0	0	0	0	0	0	0	0	.000
（中）今村②	3	0	2	0	0	1	0	0	1	.667
（左）志③	3	0	2	0	0	0	1	0	0	.667
（右）山口③	4	0	0	0	0	0	0	0	0	.000
（三）瀬川③	4	0	2	0	0	0	0	0	0	.500
（二）萩原③	1	0	1	0	0	1	1	0	1	1000
（遊）上月③	3	0	0	0	0	0	0	0	0	.000
（投）西村③	2	0	0	0	1	1	0	0	0	.000
併1残6	27	0	7	0	1	3	3	0	2	.259

東筑	打数	得点	安打	打点	三振	四死	犠打	盗塁	失策	通算打率
（二）星野③	3	0	2	0	0	0	1	0	0	.667
（捕）今中③	4	1	2	0	1	0	0	1	0	.500
（投）石田③	4	0	2	1	1	0	0	0	0	.500
（三）吉田②	3	0	1	1	0	1	0	0	0	.333
（右）内田②	4	0	0	0	2	0	0	0	0	.000
（遊）加藤②	4	0	1	0	0	0	0	0	0	.250
（中）安高③	4	0	1	0	2	0	0	0	0	.250
（左）元木③	3	0	1	0	0	0	0	0	0	.333
（一）奥村③	2	1	0	0	1	1	0	0	0	.000
併3残8	31	2	10	2	7	2	1	1	0	.323

	回数	打者	投球	安打	三振	四死	失点	自責	通算防御率
西村③	8	34	134	10	7	2	2	2	2.25
石田③	9	33	103	7	1	3	0	0	0.00

＞二塁打＝石田、星野＞ボーク　石田＝2回

◇審判＝鹿多（球）伏見、久保田、伊藤

◇試合時間　1時間59分

◇1996年の3年生

志　功一（主将）	久慈 拓郎
西村 洋平	武蔵 透修
永井 将人	保大木 宣文
川中 徳一	嶽間沢 貴
萩原 将幸	稲垣 貴博
瀬川 俊明	藤原　誠
上月 昭太	久保田 和雄
山口 裕介	工藤 沙織（マネジャー）
山本 俊成	舘山 綾子（マネジャー）

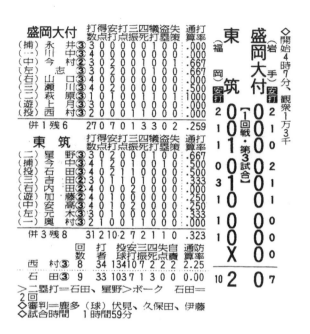

弱くても勝ちます、岩手では

初出場した甲子園で勝利を挙げることができず、岩手に帰ってすぐに練習を始めたものの、私はなかなか敗戦のショックから立ち直れずにいました。しかも小石沢たちのチームが粒ぞろいだった分、新チームがどうにも小粒で、頼りなく思えて仕方ありません。だいぶん後になってから同僚の教員に聞かされたのですが、「今年のチームはどうですか？」という質問に、私は秋も、春も、夏も「弱いですよ。厳しいです」と答えていたそうです。ハッとしました。聞かされた、というのは、本当に記憶にないもので……。常にポジティブ思考の私は、その手の質問には「大丈夫です。優勝するのはウチですよ（笑）。ウチ以外、いないでしょう？」と返していました。本当にそう思っていましたし、またどんな時でも弱みは見せまいと、そう答えるよう意識していました。それが……。敗戦そのものだけでなく、さまざまな叱咤、激励（？）をいただいて心身ともに疲れ切っていたのでしょう。

しかし、フタを開けてみれば秋、春、夏と3季連続で県大会を制し、県内無敗で2度目の甲子園に出場することができました。秋の県大会2回戦・専大北上戦では9回無死満塁のピンチをトリプルプレーでしのぎ、延長10回表に1点を奪って3－2で勝つなど、ミラクルもありました。「弱いチームでも、粘れば優勝できるんだな」と感心したのを覚えています。

ただ、今でも明言できます。

「技術だけなら、県内でも強い方ではなかったです」

夏の岩手大会6試合のチーム打率は2割8分7厘で19犠打。

2回戦(盛岡市立)　7－3
3回戦(大槌)　7－0
4回戦(福岡)　3－1
準々決勝(大東)　5－0
準決勝(前沢)　6－0
決勝(花北商)　4－3(9回サヨナラ勝ち)

数字を見てもらえば分かる通り、圧倒的な強さを発揮できたわけではありません。では、なぜ勝てたのでしょうか？　一つは、エース右腕・西村洋平の制球力が安定していたこと。プロ並みのコントロールだったと思っています。前年までは三塁手として活躍、新チームになってからエースピッチャーとしての責任と自覚を持ち、練習に取り組んでくれた結果でした。さらに選手一人ひとりが「自分たちは先輩と違い、下手くそだから謙虚にならなければならない」という意識を常に持ち、生活していました。なんといっても、これが一番の勝因でした。

もちろん練習はしっかりと積みました。特に守備です。当時の本校グラウンドの両翼は約50メートルで、バックネットは当然ありません。ベンチなし、照明なし、打撃ケージもなしでしたから、内野守備練習が中心でした。試合で勝った後でも、エラーがあったときはグラウンドに戻り、繰り返しノックをしました。私も本音を言わせてもらえば、勝った試合の後くらいは寮でゆっくりしたいです。しかし、勝ちたいと思っている選手に応えるには、こちらも誠心誠意向き合う(付き合う)ことが必要だと思っていました。まあ、選手にしたら、かなり厄介な監督だったかもしれません。

しかし、こんな感じが良かったのか、保護者たちは全面的に協力をしてくれました。甲子園に出場した「77回(大会出場)組」「78回(大会出場)組」の保護者との付き合いは、現在でも「総会」という名の飲み会で継続しています。保護者との良好な関係は、必ず生徒との良好な関係の後押しになります。さじ加減は難しいですが……。

トラウマからバントを多用

とにもかくにも2度目の甲子園出場!

今度こそ、と意気込んで初戦に臨みましたが、東筑(福岡)に0－2。またもや敗れてしまいました。前年の失敗を生かすべく(結果的には生かせたことになりませんでした)、人脈を駆使してビデオを入手し、分析はしました。この時の東筑のエース右腕・石田泰隆君は「落ち着いた投手だけど、それほどすごい投手ではない」という印象でした（すみません。あくまで当時の私の印象です）。ピンチでも笑顔で周りを見ていて、自分で自分の気持ちをコントロールはできていました。しかし、戦うのは甲子園です。「憧れの大舞台では、こうもいかないだろう。付け入るスキはあるな」と思ったのですが、これが大間違い。そのままのピッチングをされました。さすがにエースで3番で主将の大役を任されていただけあります。

ウチの西村も、よく投げてくれました。守備陣もそれなりにこなしていました。勝機は十分にあったのです。しかし、バント失敗の併殺でチャンスをつぶすなど、攻撃の詰めが甘かった。もともと2年生3番の今村泰宏、4番で主将の志《し》功一くらいしか打撃は期待できなかった上に、走塁面でもミスがありました。3回裏に1点を先取された直後の4回2死二塁、6番・瀬川俊明が中前安打も二塁走者・今村が本塁でタッチアウト。貴重な同点機を逃しました。あれはヒット1本で還って来ないといけないケースです。ここで同点に追い付いていれば、試合の流れを失わずに済んだはずでした。しかしこれは、1本で還って来るために何秒以内で本塁まで到達しないといけないのか、リードはどのくらい取るべきか、一歩目を早くするための判断をどうするかなどについて、選手に徹底し、練習をさせてこなかった私のミスでした。

また、このあたりからようやく、バッティングの差が甲子園では勝敗に大きく影響するということに気付き始めます。のんびりしたものです。

「守備はできて当たり前」で「2点取られたら3点取る」。

この精神が足りなかったのかなと反省しました。

加えて、何人もの人に言われたのが、「あなたは甲子園で采配が変わる。だからダメなんだ」でした。

甲子園での負け方その2は
「よそゆきを着る」です。

都道府県大会と甲子園では采配を変える、という監督もいると思います。それでうまくいくのであれば、何の問題もありません。私の場合は戦略、戦術を甲子園仕様に「変える」のではなく、「勝たなければいけない」、「批判を受けない采配をしなくてはならない」と意識し過ぎてカチカチに固まってしまっての「変わる」でした。甲子園初出場初戦敗退で受けた「叱咤、激励(?)」は、それほどのトラウマになっていたんです。

私は県大会で、ほとんど送りバントはしません。犠打はワンアウトを投手にプレゼントし、喜ばせるものなので、それよりは打たせて攻略する方を選びます。しかし、甲子園で「手堅くいくべき場面で、打たせて失敗」したら、どんなことになるでしょう！　考えるだけで身震いします。万人受けする采配をしなければ、と構えてしまいました。ランナーが出たら迷わず送りバント、三塁まで進めたらスクイズ……。結果は失敗の山です。「外野フライでもいいぞ」と選手を送り出せばいい場面で、県大会でほとんどさせたことのないスクイズのサイン。そりゃあ、選手は戸惑いますよね。やってきていないことを急に「やれ！」と言われたって、高校生にはなかなか難しい。

もう一つ言うと、私は大会関係者、マスコミに対しても「いい人」でいようとしていたと思います。行動にしても、コメントにしても。監督が「よそゆき」を着ていれば、選手も「あ、僕たちもそうしなくちゃいけないんだ」と考えるはず。よそゆきを着たまま、普段の行動（野球）はできないものです。

ただ、この代は先ほど触れた走塁練習のように、勝つために必要な徹底した「準備」もまだできていませんでした。そこも足りなかったと思います。なぜなら、他の部の生徒にケガをさせる心配をせずに打撃練習のできるグラウンドが、いつでも使えるわけではなかったからです。

甲子園で勝つのは本当に難しい……。

第2章　よそゆきを着る

セオリー通りに「批判を受けない采配」をしたはずの私に、前年同様、敗戦後に苦情電話、手紙など場所、時間問わずの攻撃が襲います。傷心の身にはなんともこたえました。甲子園出場監督はきっと誰もが経験していることだと思いますが、これだけは慣れることはできません。高校野球はテレビで放送されるためか、誰もが監督、評論家になります。このような「御指導」があるのも、注目されているから、応援されているからだ。真摯に受け止めようと、必死で自分に言い聞かせたものでした。

そんな中でも、うれしかったことはありました。二塁手の萩原将幸と遊撃手の上月昭太は、中学時代(茨木なにわボーイズ出身)は外野手の控えでした。それが甲子園で、レギュラーとして二遊間を守ったのです。特に、上月は守備に関してはスペシャリストのレベルにまで到達。甲子園でその雄姿を見た保護者は大喜び。中学の指導者、同級生は大変な驚きようでした。まあ、萩原はエラーを、上月はスクイズを失敗してくれましたが(笑)、それでも高校で大きく成長してくれたことに変わりはありません。

先ほど「他の部の生徒にケガをさせる心配をせずに打撃練習ができるグラウンドを、いつでも使えるわけではなかった」と書きました。「何言ってんの。甲子園に出場する私立校がウソでしょ?」と思われる方も多いと思います。声を大にして言います。

「ウソじゃありません!」

と、いうことで、甲子園の負け方3をお話しする前に、盛岡大附のリスタート時のことに触れたいと思います。少々、お付き合いいただければ……。

バット3本とボール20個

1991年4月に新入部員を迎え、14人で〝澤田・盛岡大附〟が本格的に始動しました。就任にあたり、理事長から「新野球場建設の構想」を見せられ、その説明も受けたのですが、理事長が実現を前にいなくなってしまうという驚がくの事態になり、これははかない夢で終わってしまいました。理事長はとても野球に詳しく、また私の結婚式の仲人でもあったのですが……。そのため結局、仮設のグラウンド(内野の守備練習のみ可能で、バッティング練習は狭くて危険なため不可)で、いつか新球場をと夢見ながら練習をしていました。使えるグラウンドはサッカー部と共用なので、ノックをするにしても大変気を遣いました。

だいたい、テニス部を強化しようとする学校に、テニスコートがないというのはありうることでしょうか?

サッカー部を強化しようとする学校で、サッカーゴールがないということはあるのでしょうか?

水泳部を強くするという学校に、プールがないようなものです。体育館でクロールや平泳ぎ、ましてやバタフライの練習をする学校はありません。

理事長から「野球部を強くしたいから頼むぞ」とポンポンと肩を叩かれ、私は「分かりました! 頑張ります!」と威勢よく答えていたのに、とんだ肩すかしを食らってしまったのです。

ものすごい環境でのスタートでした。

不幸自慢をしたいわけではないのですが、この時の野球部にはバット3本、ボール20個と共同グラウンドしかありませんでした。熱心な野球少年が持つ個人の用具よりも貧弱です。さらに盛岡大附は前身が女子高(生活学園高、63年から共学)だったために男子生徒が極端に少なく、しかも当時は県内でも偏差値は下から数えたほうがいいと認知されているような学校でした。

部員は、野球部にでも入るかという軽い気持ちの「でも」、「しか」部員だけです。遊びの延長と考えている部員と本気で甲子園出場を考えている監督。まるでドン・キホーテみたいでした。当時は、素行不良等で県立高校は受験すらできず、名前を書くだけで合格するはずの私立高校にも落ち、2次募集ですら不合格になり、とにかく高校と名がつくところに入学できればOKという者もいました。敬語が使えないだけでなく、返事も満足にできないような生徒もたくさんいたのです(もちろん優秀な生徒も同じくらいいました)。

はっきり言いますと、野球でも他のスポーツでも、ある程度頭が良くなければ上手にはなりません。これは勉強ができるということとは、また別問題です。少なくとも、盛岡大附のスタート時は〝最低レベル〟だったと思います(だからダメなんだ、ではなかったことは後述します)。

用具も、環境も、選手も整ってはいませんでしたが、私は天然の「野球バカ」なため、この時も他の学校がうらやましいというような思いは一切、持ちませんでした。

野球ができる。

自分の手で子供たちを指導できる。

甲子園に行ける(高校野球の監督になれなければ、そのスタートラインにも立てないわけです)。

こうした喜びが、すべての事柄に優先していたのです。

お金がなくて遠征に行けない？

人間関係のトラブルの原因は、ほとんどが「お金」(金銭的トラブル)だと思います。盛岡大附野球部も、澤田家も、とにかくずっと「お金がない！」。このひと言に尽きました。

私の監督就任時に部長だった小田隆博先生は、こういう言い方は失礼になるかもしれませんが、野球に関して素人同然だったため、強豪校では当たり前とされるようなお金の使い方への理解がありませんでした。全く融通がきかないので、よくケンカをしたものです。お金がないのは分かっていましたが、まさかここまで出してもらえないとは……。

例えば、強豪校との練習試合の約束をやっとの思いで取り付け、いざ明日、行こうという時でした。

「どこにそんな金（高速料金、ガソリン代、お土産代等）あるんだ？　出せるわけねーべ」と小田部長。

「そんなもん、せっかく試合を受けてくれた相手に『お金がないので行けません』なんて言えないでしょ。何とかして下さいよ」と私。

それでも部長は「ないものはないから無理だ」の一点張りでした。

私も、若かったのですね。

「わかりました。私がすべて出します」とタンカを切り、身銭を切りました。心のどこかで「後で少しは出してくれるだろう」と思っていましたが、ただの一度も出してくれたことはありませんでした。

さらに、母校・東北福祉大にグラウンドを借り、練習させていただいていた合宿期間中のことです。御礼の気持ちもあって、夜にわずかばかりの食事でもと考え、部長に相談しました。

ところが「そんなもん、無理だろー」とばっさり。

「じゃー、先生も少し出してくださいよ」と抵抗してはみましたが、それすら一度も出してくれたことはありませんでした。

良く言えば、小田部長がしっかりとお金を管理してくれていたために、高校球界でも時々耳にする横領等の金銭的トラブルは、本校では全く起こりませんでした（お金がないんですから、起こりようもありません）。まあ、悪い言い方をさせてもらえれば「スーパーケチ」だったということですよね。


万事がこんな調子でしたから、親父の残してくれた財産や給料から天引きしてもらっていた財形貯蓄はあっという間に底をついてしまい、妻には本当に申し訳なかったと思っています。

第一線を退いた現在は自腹が減ったのかと言えば、そうでもありません。教え子の結婚式などに招待されることが増え、その数は100回を超えてなお更新中です。出席するたびに5～6万円の出費は、正直に言えば妻でなくてもつらいです(笑)。ですが、それもさまざまな出会いがあってこその出費。私は数々の出会いに助けられてきたのですから、感謝しなくてはなりません。

ただ、ないのにないと言えない。つい格好をつけたがる自分の性格を、恨めしく思うこともあります。

この性格のために、今もお金は私から離れ続けています。

お金とは、無縁の人生なんですかね……。

みなさん、一人の高校教員でしかない私、澤田は本当にお金がないんですよ。「澤田は金を持っている」という、岩手県限定都市伝説は大きな勘違いに過ぎないですよ!

強いコンプレックスを抱く子供たち

また、中学生の勧誘についても〝予算〟はありませんでした。なにしろ特待生として入学させる制度がありませんでしたから。西武で大砲として活躍する「おかわり君」こと中村剛也内野手（大阪桐蔭＝大阪＝卒）、メジャーリーガーのダルビッシュ有投手（東北＝宮城＝卒）、オリックスの「T－岡田」こと岡田貴弘外野手（履正社＝大阪＝卒）は、もちろん中学時代から知っていました。3人ともスピードとパワーがあり、それを見た私は素質、センスのあまりの素晴らしさに驚き、倒れそうになったほどです。しかし、彼らが本校に入学することはありませんでした。いちおう、声は掛けてみたんですけどね。

最近は中高一貫教育で生徒を獲得し、6年間で成長させようとしている学校が多くなってきているようです。東北エリアでいえば弘前学院聖愛（青森＝中学は硬式の聖愛リトルシニア）、青森山田（青森＝同中学は青森山田リトルシニア）、全国で見れば甲子園常連の明徳義塾（高知＝軟式の明徳義塾中）、高知（高知＝軟式の高知中）、神村学園（鹿児島＝中学は神村学園リトルシニア）なども、それに当たります。私立強豪校に限らず公立校などでも、県外からの入学希望者は中学生のうちに県内の中学に転校させるという方法を取るケースもあるようです。

ちなみに盛岡大グループには幼稚園はあっても、中学校がありません。したがって本校では「中高一貫教育型」はまだ実現しそうにありません。それから、チーム編成の件については世間で多くの誤解があるようですので、ここではっきりさせておきたいです。

1 基本的には県内、地元の生徒でチームを作りたい

地元に根差したチーム作りをすることで地域から愛され、広い意味での地域貢献になると考えています。また毎年、地元選手がコンスタントに入学してくれるようになれば、間違いなく3年に1度(在学中に1度)は甲子園に連れて行ける、という自負は常にありました。この考えは、総監督になってからも変わりませんでした。しかし、野球無名校が新しく強化しようと考えた場合、他の地域からでも野球をやりたいと強く願っている選手がいれば、広く受け入れます。県内、県外を問わず、私自身の野球観などを知ってもらった上で、彼ら自身に決めてもらう。その結果、実際に入学してくれたのは他地区からの方が多

かった。それだけのことです。

岩手県の公立高校にはスポーツ推薦制度がすでにあります。だから県内の有望な選手は、圧倒的に公立校を選択していました。また、私立を選ぶ子でも、ウチのような無名校を選んではくれませんでした。その証拠に、入学直後の選手のほとんどは、ノック時に三塁から一塁までノーバウンド送球ができません。こうした選手たちを鍛え上げて、チームを作っているのが現実なのです。疑いを持つ方は、ぜひ春先にグラウンドに来て下さい。1年生の練習をひと目見れば、真偽はわかると思います。

中学生の時から脚光を浴びてきた〝スター選手〟は、少なくとも私の監督時代には盛岡大附に入って来ませんでした。

2　現状は他県からの生徒が増えている

これは事実ですが、善し悪しだと考えています。

ウチが甲子園に出場してから、他県のリトルシニアリーグ、ボーイズリーグ、ヤングリーグほか硬式クラブ出身の選手の中で、地元ではレギュラーになれないと思っている子が入学してくるようになりました。「親元から離して人間的に成長させたい」と考える親や指導者も増えてきました。その結果、北は青森、南は沖縄から生徒が集まるようになり、「県外生以外は選手になれない」という誤ったうわさが流れてしまいました。これで県内の選手がウチを敬遠するようになり、よりいっそう県外の選手の割合が増えてしまっているのです。でも、県外生以外選手になれないなんてことが、あるわけがない。県内生でも、県外生でも、力を付ければメンバーになれるのは当たり前のことです。中学時代の球歴だけで、指導者が判断することはありえません。

こういう子たちを受け入れてみてわかったことは、周囲の想像以上に子供たちはコンプレックスを持っているということです。それを隠すために虚勢を張ってみたり、反抗したりするのだと思います。その劣等感を、どのように解消してやるか。それには、さまざまな方法があると思います。

私は、野球でコンプレックスを持っている人間は、やはり野球で勝つことで解消させ、そこから人として成長させていこうと考えて指導してきました。ウチの門をたたくのは、勉強は不得意で野球を頑張っていたけれど、さまざまな理由で芽が出なかったり、指導者に目も手もかけてもらえなかったりして、半ば行き場を失って投げやりになっていた子供たちが多いです。だから、評価されたり、ほめられたりすることに本当に飢えています。ほめられて力を発揮でき、さらに結果が出れば自信が付く。そういう経験をした子は指導者のアドバイスに耳を傾け、より深く理解するようになり、そのうちに自分で考えて動くことができるようにもなります。

子供たちのコンプレックスを解消し、成長を促すことができるのは、私たち大人の「本気」だと信じています。

コラム 2 マンガのようなホントの話

アルバイトでいませーん！

ここで、就任1年目から4年目までの代について、少し触れておきます。強いチームばかりではありませんでしたが、彼らが盛岡大附野球部の礎を築いてくれました。

1年目（1991年）＝夏の甲子園出場校・専大北上

長沢昌信、東剛、千田芳久、渡辺勝らが中心メンバーでした。

春と秋は初戦で敗れましたが、夏に久慈山形に6－4で勝ち、初勝利を挙げることができました。2回戦も雫石に9回2死一、二塁までリードしていて、最後の打者が平凡なレフトフライを打ち上げたので、「ヨッシャ、これで3回戦だ」とベンチで笑顔になって腰を上げたら、松尾悟（1年生で、中学時代は控えの選手でした）がまさかの落球。サヨナラ負けです。まるで漫画家・ちばあきお先生の名作「キャプテン」の実写版を流しているようなシーンは、忘れようもありません。勝利（試合）は最後まで分からないということを、思い知らされた試合でした。

当時のチームの雰囲気を最もよく表しているエピソードがあります。この雫石戦の直前、先発メンバーを選手に伝えていた時のことです。

私が「レフト東」と言った途端、選手たちから「東は今日バイトですよ」と返事が……。えーっと……？　試合をアルバイトで休む選手も選手ですが、それを試合直前まで気付かない監督も監督。アルバイトをしなければ本当に生活に困るわけでもなかったはずですが、彼にとっては野球の試合よりも優先すべき事柄だったんですね。

1年目の公式戦は秋を含めて4試合だけしかできませんでした。当時の地区予選のシステムは、一度負けたらそれで終了だったのです（現在は、少しでも多く公式戦をさせてあげたいという教育的配慮から、敗者復活戦の制度が導入されています）。

した。

うれしかった〝おもちゃ軍団〟の笑顔

2年目（92年）＝センバツ出場校・宮古、夏の甲子園出場校・一関商工

及川聡、鈴木広人、及川潤、小田島雅浩らを中心に、やっと野球部らしくなってきました。

春は地区予選初戦（2回戦）で盛岡四に9－13、夏は1つ勝って3回戦で花北商に1－2で敗れました。ところが秋の地区予選では2勝（平館7－0、盛岡工10－0）し、盛岡大附にとって初の県大会出場をつかむのです！　さらに県大会は初戦（2回戦）で釜石南に9－0、準々決勝で軽米に3－1と順調に勝ち上がり、準決勝では甲子園出場経験のある専大北上を2－1で撃破。今では絶対考えられないようなダブルヘッダー（1日2試合の公式戦）での決勝戦では、久慈商に1－2で惜敗しましたが、本当にうれしかったです。県2位校で東北大会に出場できたこともちろんですが、それ以上に「おもちゃ軍団」（私は愛着を込めてそう呼んでいました）の笑顔が、「僕らはやればできる」という

自信を選手たちが持ってくれたことが、何よりもうれしかったんです。

初出場したこの秋の東北大会は、初戦で仙台工（宮城）に3－4。0－4の8回に3点を奪って食い下がりましたが、あと一歩及びませんでした。優勝したのは東北（宮城）で、準優勝は1年生左腕・小野仁投手（元・巨人）を擁した秋田経法大付（秋田＝現・明桜）。両校が翌93年のセンバツに出場しました。

選手が勝つ喜びを覚え、指導も素直に聞くようになってきたのはこのあたりからでしょう。負けて覚えることもありますが、この当時は勝つことの方が生徒たちの成長には必要だったと思います。

2年目の結果を受けて勝ちたかったが……

3年目（93年）＝夏の甲子園出場校・久慈商

野口健司（東北福祉大卒業後、河合楽器、サンワードと社会人野球で活躍。都市対抗で優勝も経験した内野手）をはじめ滝口渉、今野孝、海端勝則、松尾悟、畠山隆男、小倉基弘、佐々木結哉、マネジャーの木村美由紀、吉田久美子らが在籍しました。

レギュラーの約半数が下級生という若いチームで、夏の岩手大会は準々決勝で優勝した久慈商に4－6で逆転負け。前年秋、春ともに久慈商に敗退したため、3度同じ相手に負けたことになります。3年目だったので、どうしても勝ちたかったのが正直な気持ちでしたが及びませんでした。

えっ、俺ってクビなの???

4年目（94年）＝夏の甲子園出場校・盛岡四

田中謙次（東北福祉大、昭和コンクリート、西濃運輸で活躍した投手）をはじめ、金田一誠、川村健志、鈴木大樹、西館龍司、後村正泰、今村茂章、土岐吉昭、谷藤晃成、何川渉、片山友貴、辻幸一、白旗正人らの代です。

前年の秋季県大会で初優勝し、今年こそはと思い夏に臨んだのですが……。結果的には、3回戦で専大北上に8－11で敗れ、またもや甲子園は夢に終わってしまいました。ちなみに、この夏を最後に2016年まで、公立校は夏の岩手大会優勝から遠ざかっています（センバツは96年に釜石南、04年に一関一、16年に釜石、17年に不来方《こずかた》が出場）。

余談ですが、95年から盛岡大附で同僚になる伊藤泰彦先生がちょうどこの年に県内の公立高校で講師をしていました。本校に赴任することが決まった時に、同僚だった教員に「澤田は今年勝てなければ、そろそろクビになるらしいよ」と言われたようです。それを聞いた私は「本人の知らないところで（去就が）うわさとして挙げられるほど、有名になったのだ」と思うという、相変わらずの楽観ぶりでありました。もっとも、野球部監督としてではなく、社会科教諭としての採用ですので簡単にクビにはならないはずです。人のうわさは本当に……。

第3章

自信と紙一重の慢心

◇開始11時5分、観衆3万

【2回戦・第2試合】

	安打	1	2	3	4	5	6	7	8	9	計	安打計
近江（滋賀）		0	0	0	2	1	1	0	0	0	4	
安打		1	0	1	3	0	3	1	0	3		12
盛岡大付（岩手）		0	0	0	1	0	0	0	0	0	1	
安打		0	0	0	2	0	0	0	2	0		4

近江		打数	得点	安打	打点	三振	四死	犠打	盗塁	失策	通算打率
（三）	木村憲③	3	0	1	0	0	1	1	1	0	.333
（中）	笹嶋③	4	0	2	1	0	0	1	0	0	.500
（遊）	岡③	5	1	2	0	0	0	0	0	0	.400
（一）	松村③	3	0	0	0	0	0	1	0	0	.000
（左）	大西①	4	1	1	1	0	0	0	0	0	.250
投	清水③	0	0	0	0	0	0	0	0	0	――
（右）	橋本③	4	1	2	1	2	0	0	0	0	.500
（捕）	小・森③	4	0	1	0	0	0	0	0	0	.250
（投）	竹内③	1	0	0	0	0	0	0	0	0	.000
代打	山田③	0	0	0	0	0	1	0	0	0	.000
代走	稲葉③	0	1	0	0	0	0	0	0	0	――
投左	島脇③	2	0	2	1	0	0	0	0	0	1.000
（二）	戸田③	3	0	1	0	0	0	1	0	0	.333
併1残8		33	4	12	4	2	2	4	1	0	.364

盛岡大付		打数	得点	安打	打点	三振	四死	犠打	盗塁	失策	通算打率
（三）	渡辺③	4	0	0	0	3	0	0	0	0	.000
（二）	桝井③	4	1	1	0	0	0	0	0	0	.250
（左）	鈴木③	3	0	1	1	0	1	0	0	0	.333
（一）	西田③	4	0	0	0	1	0	0	0	0	.000
（捕）	佐藤③	3	0	0	0	2	0	0	0	2	.000
（中）	山田③	2	0	0	0	0	0	0	0	1	.000
中	川村②	1	0	0	0	0	0	0	0	0	.000
（遊）	菅原③	3	0	1	0	1	0	0	0	0	.333
（投）	千葉③	2	0	0	0	1	0	0	0	0	.000
代打	高松③	1	0	1	0	0	0	0	0	0	1.000
投	山下①	0	0	0	0	0	0	0	0	0	――
（右）	野辺③	3	0	0	0	1	0	0	0	0	.000
併1残3		30	1	4	1	9	1	0	0	3	.133

	回数	打者	投球	安打	三振	四死	失点	自責	通算防御率
竹内③	4	15	43	2	2	1	1	1	2.25
島脇③	4	13	51	2	7	0	0	0	0.00
清水③	1	3	8	0	0	0	0	0	0.00
千葉③	8	34	110	9	2	1	4	2	2.25
山下①	1	5	15	3	0	1	0	0	0.00

▷二塁打＝桝井、岡▷暴投　島脇＝8回
◇審判＝中本（球）桜井、桑原、桂
◇試合時間　1時間54分

◇2001年の3年生

佐藤　貴光（主将）	山田　祐基	安江　俊晶
西田　直樹	野辺　真人	長谷川　大太
山口　聖也	千葉　俊介	加戸　健之
桝井　宏晋	高松　佳樹	森　真知了（マネジャー）
渡辺　潤也	十文字　幸一	山下　樹里　（マネジャー）
菅原　甲子郎	芳賀　義博	
鈴木　博樹	平野　正人	

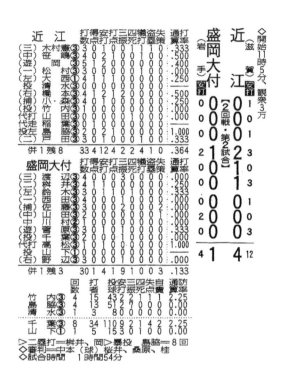

甲子園に棲む魔物の正体

甲子園には「魔物が棲む」とよく言われます。あ、ちょっと待ってください。別に負けたことを魔物のせいにしようというわけではないんです。だって、魔物は敵にも味方にもなると思っていますから。

では、「甲子園の魔物」の正体ってなんでしょう。私は「スタンドの観客が作り出すもの」だと考えます。甲子園が好きで、高校野球が好きで、食いいるようにグラウンドを見つめる観客たちの気持ちを真摯なプレーでつかんだ時、魔物は味方になります。1998年夏、史上5校目の春夏連覇を果たした横浜（神奈川）と明徳義塾（高知）の準決勝の8回裏、前日の準々決勝・PL学園（大阪）戦で延長17回を投げ抜いた横浜のエース松坂大輔君（現・ソフトバンク）がブルペンに向かった時、スタンドの空気が一変。奇跡のサヨナラ勝ちを呼び込みました。2016年夏の2回戦でも、9回に4点ビハインドだった東邦（愛知）が、同じようにスタンドの後押しを受けて八戸学院光星（青森）に9－10でサヨナラ勝ち。逆に、何も悪いことはしていないのに突然、アウェーになった明徳義塾、八戸学院光星の選手たちには災難としか言いようがありません。

私が甲子園の魔物を味方に付けることができず、逆に呑み込まれてしまった原因は「慢心」にありました。

5年ぶりに甲子園に駒を進めた2001年夏は、初めて2回戦からの登場になりました。組み合わせ抽選会の後、私が選手に言った言葉はなんと、

「あと5勝で全国制覇だ！」

でした。よりにもよって……。

相手の近江（滋賀）、よく知りませんでした。

滋賀県勢、弱いと思っていました。

すみません。本当にすみません。近江はこの年、球威のある右腕・竹内和也君（元・西武）、大きく曲がるカーブで三振の取れる左腕・島脇信也君（元・オリックス）、シュートのいい右サイド・清水信之介君の3投手をつないで勝ち

上がり、県勢初の決勝に進出。日大三(西東京)に敗れたものの、準優勝という輝かしい成績を残しています。

3投手の継投で勝ってきたことはもちろん知っていました。これまでの反省を生かして、ビデオを取り寄せて研究もしました。その結論が、

「3人ともそれほどすごい投手ではないな」

でした。この年から、初出場時の捕手で現監督の関口清治がコーチとして戻って来てくれていたのにも関わらず、分析は私一人でしていました。もし、関口コーチと一緒に見ていたら、彼の目線からの発見があったかもしれないのに。しかも、入手できたのはセンター方向からのものだけ。これでは球速、変化球のキレなどわかりません。この代はエースで4番の西田直樹を中心に打撃には自信があったせいで、目が曇ってしまっていたのでしょう。

フタを開けてみたら、先発の竹内君がキレのあるスライダーを投げ込んできて、打線の点火役だった1番・渡辺潤也も、3番・鈴木博樹、4番・西田直樹、5番・佐藤貴光の自慢のクリーンアップも全く打てません。5回から島脇君、

最終回に清水君と攻略する前に投手を代えられ、4安打で1点を返すのがやっとのありさまでした。

さらに、県大会では決められていたエンドランも思うようになりません。1－4の8回、内野安打2本で無死一、二塁のチャンスを作り、打席には9番・野辺真人。迷わずエンドランを仕掛けましたが、2球ファウル。「悪球打ちも含めてこの練習はしてきた。3球目は決めてくれるだろう」と信じて同じサインを出したのですが、なんと空振り。飛び出した二塁走者が刺されて三振ゲッツーという最悪の結果に終わりました。この時に球場を包み込んだ「うわーっ」という声とため息は、今でも耳に残っています。あそこでエンドランが決まっていたら「甲子園の魔物」を味方に引き込むことができたのに……。

では、本当に勝つための「準備」をしてきたのかと聞かれたなら「していませんでした」が、総監督になった私の答えです。当時の私なら「しました」と胸を張っていたと思いますが……。例えば、相手投手の勝負球(得意な球種)の見極めや、甘い球を一振りで仕留めるためには技術が必要です。球威のある投手が相手なら、至近距離から速い球を見せておくことも大事（これは後述しますが、花巻東・大谷翔平投手＝現・日本ハム＝対策の時は、本当にしっかりやりました。だから勝てたのです）。ビデオを見て私が「たいしたことない」と思うのではなく、打席に入った時に選手が「たいしたことないな」と思えるくらいの練習をしていかないといけなかったのです。

甲子園での負け方その3は

「自信と紙一重の慢心」です。

試合では、自分の育ててきた生徒を信じ、自信を持って采配を振るべきですが、そこに「慢心」をしのびこませたら負けです。「これだけの選手がそろっているんだから、このくらいで大丈夫だろう」程度の準備では勝てません。

関口監督は16年夏、17年春と２季連続で甲子園２勝するなど頼もしくなった

95年夏に甲子園初出場した時に捕手だった関口監督

強くても負けます、岩手でも

第2章の「弱くても勝ちます、岩手では」で紹介した1996年の代と対照的だったのが、翌97年の代でした。ある意味、私の指導を変えたこの代から5年間、甲子園を逃します。その間に、私の指導が少しずつ変わっていきましたのでここで触れておきたいと思います。

1997年のメンバーは今村泰宏、川村公彦、沢拓也、花岡雅仁、小野寺亘、下村優作、吉岡悟、角淳史、久慈渉、金沢和昭、高田文人、大坊周司、梅木知也、石川到、多田真、金子朋紀、マネジャーの冨田華奈子でした。東京六大学リーグの立大に進学し、後に松下電器(現・パナソニック)に進み、日本代表にまでなる走攻守三拍子揃った捕手の今村を中心に、190センチの長身から投げ下ろす右の本格派・大坊、俊足巧打の職人・角らがいて、前年の選手に比べて劣っているところはないと感じていました。ところが、秋は準々決勝で水沢に3－4で敗退。春も準決勝で花巻東に7－13。夏も準決勝で花巻東と当たって6－8で敗れ、結局1度も県で優勝することなく終わってしまいました。（ちなみに夏の甲子園に出場したのは専大北上でした）

どうしてでしょうか。生徒一人ひとりの中に「あの先輩たちでも甲子園に行けたのだから、まして（実力のある）俺たちが行けないはずはない」、「今村がいるから負けるはずない」などという気持ちがあったのです。彼らが恐れる私の前で、そんなことを口にする選手はいませんでしたが、敗戦後によくよく振り返るとその兆しは要所、要所であったように思えました。

さらに、チームにとって一番重要なのは「チームワーク」です。この代にはそれが欠けていました。ベンチに入っていたある3年生は「自分がレギュラーとして試合に出た方が、チームにとってはいいのだ」と部長に主張していたそうです（部長は大会前にもめ事を作っても、とあえて私に黙っていて、大会後に初めて聞きました）。監督は相手チームを知ることはもちろん、それ以上に自分のチームの選手の力量や人間性を知っていなくてはなりません。自己中心的な選手が数名いたことが、チーム力を弱めました。これに気付けなかった私の若さと甘さが、一番の敗因でした。

夏3連覇へのプレッシャーは確かにありました。でも、勝てなかったのはプレッシャーがあるとかないとかそんなことではなく「今年こそ甲子園初勝利だ」と先のステージばかりを見て、足元をおろそかにしていたからです。選手への気配り、目配り、心配りのどれもが欠如していたのです。期待していたチームのまさかの結果に、私はショックを受けました。

自信からくる「慢心」は、甲子園でなくてもチームを破壊します。

しかも、ちょうどこの頃は授業（地理、世界史で週16時間。現在は生徒指導部長なので14時間）をはじめとする校務、平日遅くまでの練習と朝練習、土、日曜の遠征（くどいようですが用具、遠征費の一部は自腹を切りました）、ほぼ毎日の寮監などの仕事に追われていました（労働者の年間労働時間は１８００時間が目標とされていますが、当時の私は５１６０時間でした）。身体はもうボロボロです。家庭も崩壊寸前でした。

負けたからこのようになったのか、心身ともに疲弊していたから勝てなかったのかは分かりませんが、負のスパイラル(悪循環)にはまり込んでしまったのだけは事実でした。今なら、当時は周りがよく見えていなかっただけだと笑えます。ですが、この時はマイナスのことしか考えられず、どんどん深みにはまりました。

「どうして、俺はこんなに頑張っているのに他の先生は……」

「どうして、こんなに頑張っているのに世間は認めてくれないの」

「どうして、休みもなく働いている俺に仕事上の些細なミスを追及するの?」

「どうして、あげ足を取るの?」

「どうして……」「どうして……」とにかく常に「どうして……」と考えていました。「他人との比較で、自分を認めてほしい」「自分を分かってほしい」「白分の苦労をいたわってほしい」とでも思っていたのでしょうか? 興味の対象が生徒ではなく、すべて自分に向いてしまっていますよね。何ともお恥ずかしい限りです。

野球に限らずどの部活動でも、あの時の私と同じような思いを抱えている指導者は少なからずいるのではないでしょうか。実際、同僚の先生に聞くと、平気で「俺は土、日曜もなく働いている」、「俺と同じ生活をやってみろ」、「もっと、みんなは頑張るべきだ」などと叫んでいる方がいるそうです。そのような人たちに、僭越ながら私は言いたいです。

「あなたが学校にいない時、あなたが部活動の指導を頑張れるように他の先生方があなたの仕事をフォローしているのですよ。感謝の心を持たなければ、あなたは裸の王様ですよ」

年間5160時間も働いた末に、私はそれを理解しました。周囲が見えなければ、必要な「準備」はできないですよね。勝負する以前の問題です。

本能の指導から理性の指導へ変化

この年を転機に、指導が「拳から言葉へ」、「強制から納得へ」、「恫喝から対話へ」と変わりました。私が弱くなったわけでも、自分自身の人格が劇的に変化したわけでもありません。もともと、父親の厳しさと母親の優しさの両方を受けて子供が人間として成長するように、教育や部活動の指導にもその両方が必要不可欠だと私は考えていました。しかしながら、ウチは長いこと指導者は私1人だったため、どうしても厳しい父親の指導だけに偏っていました。それに限界を感じ始めたことと、選手がこちらの意図することを理解できるようになってきたこのタイミングが、指導を変える絶好の機会だったのでしょう。一気に変わったので、選手は多少困惑していましたが、そこは若くて柔軟な心を持っているのですぐに順応したようでした。

この時に取り入れた指導方法を少し紹介します。

◇泣きの指導

私が選手の前で泣きます。それも本気で。「今年はもう無理だ。お前たちは自由にやってくれ。本当に無能な監督で申し訳ない」という具合にです。今まで鬼のような存在だった監督が涙を見せるわけですから、選手は本気にならないわけはありません。「先生を泣かせてしまった」と驚き、「自分たちがもっと真剣に頑張らなくては」と張り切り出します。年長者や先生の本気の涙を見て、心を動かされない人間はそういません。

◇笑いの指導

例えばノックの最中に、選手が簡単なゴロの処理をミスします。それまでなら、激しく叱り飛ばしていました。

しかし私はここで、バットを持ったままその場に倒れます。手足をバタバタさせ、まさにゴキブリが殺虫剤をかけられた時のような格好をするのです。そばにいる捕手が「先生、大丈夫ですか？」と聞いてきますから「俺はもうダメだ」

とだけ言ってバタンと目を閉じます。

一瞬の静寂の後、グラウンドには大きな笑いが起きます。エラーをして縮こまっていた選手は救われたような気持ちになり、心機一転プレーに集中できるというわけです。

◇金品授受の指導(?)

練習試合や公式戦でピンチになり、伝令が投手に寄り添う場面をよく目にすると思います。その時に、実際に私が行ったことです。「笑いの指導」の延長にあるのですが、伝令の選手に「ここで抑えたら1000円だ」と実際に千円札を握らせてマウンドに行かせました。伝令を迎えたマウンドは、思いがけない事態に自然と柔らかい雰囲気になりました。

緊張がほぐれれば、いい結果が得られるものです。ただし、これは選手が慣れてしまいますから、何度もできることではありません(もちろん本当に千円札を渡したりはしていません)。

拳の指導より、こちらの方がお互いに嫌な気持ちにならなくていいですよ。

◇ほめる指導

練習でも試合でも、とにかくほめまくる。

その生徒が最高にうれしそうな顔をしているのが、誰の目にも明らかに分かります。人はほめられれば喜び、もっとほめてもらえるようにと努力します。よって、必ず良い成果をもたらします。つまり、ほめることは個人の力を最大限に引き出す秘訣なのです。ただし、ほめ殺しだけはいけません。

関西外大
プレサンスマンション

火を注ぎました。

勝たせてやれなかった「いい子」たち

指導を変えてすぐに結果が出たかというと、そうではありませんでした。勝たせてやれなかった代は、比較的「いい子」が多く、そのことが私の自己嫌悪に

8年目(1998年)＝夏の甲子園代表校・専大北上

メンバーは菊池陽介、北村善理、高橋拓寿、中谷雅史、山下大樹、橋本祐輔、山口祐樹、吉田宏、谷藤明宏、橘純也、阿部知治、今忠雄、石川卓也、北島稔、工藤康彦、小菅秀二、千葉涼、橋場信樹、松村哲也、三河智、マネジャーの石黒麻美、西村美雪でした。

橋場、工藤の二枚エースで臨みましたが、秋は2回戦で専大北上に6－9、春は決勝で高田に5－7、夏は4回戦で大船渡に0－7で敗退しました。95、96年と2年連続で甲子園に出場したため周囲の目にも変化があり、準優勝では

満足できなくなっていたのでしょうか。周囲には「弱い世代」と思われていました。何とも気の毒な話です。

この代は県内の選手が中心で、気持ちの優しい、おとなしい生徒の集団でした。マネジャーもよく気の付く子たちでした。もちろん、すべての代で勝たせたいと指導していますが、本当にいい子がそろっていたこの代は特にその気持ちが強く、負けた後は強烈な自己嫌悪に陥りました。

9年目(1999年)=夏の甲子園代表校・盛岡中央

メンバーは千葉達志、吉田寛、藤村祐輝、松村元博、滝沢義之、平船和博、落合良太、高田成見、大坊聡(立大)、土岐允人、佐藤引和、川戸鷹、大釜純也、内坪寿真、島村信宏、渡辺晃樹、桝田秀嗣、田村恵一、小野寺旭、マネジャーの遠藤幸恵です。

この代はとても個性的で、真面目で実直な生徒が多い半面、やんちゃで、私が一番嫌う「忍法裏表」を使う(いわゆる人を見て態度を変える)生徒も一部にいました。戦力的には甲子園出場チームに引けを取らないほどで、投手・大坊－捕手・渡辺バッテリーをはじめ、私命名「善人協会」所属の二塁・高田、遊撃でセンス抜群だった島村、中堅・川戸とセンターラインは強固でした。

しかし、秋、春とも納得できる結果は残せず、夏も準々決勝で盛岡中央に5－6で敗退（盛岡中央はこのまま勝ち上がって甲子園初出場）。敵ながら、深井大輔君はすばらしい右アンダースローの投手でした。

少し話はそれますが、この年は地元・岩手県でインターハイが開催されました。勝てなくて傷心の私にも、容赦なく仕事は回ってきます。この大会で本校は「柔道競技の補助員」が割り当てられ、私は駐車場の誘導を中心にサポートしていました。

ある日、大きく手を回しながら車を誘導していたところ、なじみの地元新聞の記者が「先生どうしたんですか？」と驚いた表情で声を掛けてきたのです。私は普通に「いやー、本校は柔道の補助員になってますから」と答えたところ、バツが悪そうな表情をしたまま静かに消えて行きました。おそらく「敗戦したショックから立ち直れていないのに気の毒だな」と同情したのだと思います。

気遣ってくださったのは大変ありがたいことですが、本校の監督を引き受け、グラウンドなし、ボールもバットも不足していた時代を経験している私は、小さなプライドや見栄はとっくに捨てていました。だから、補助員（駐車場係）はそれほど苦痛ではなかったのです。恩師である東北福祉大・伊藤義博監督に「頼まれた仕事は断らず一生懸命にやる」と教えられたこともありました。

後に同僚教員から聞いた話では、競技によっては、いわゆる強豪校と言われる学校の指導者たちがさまざまなルールを決めていて、自分たちは駐車場係など絶対にしないのだそうです。生徒の見本となるべき教員が、それはどうなんでしょう？　私は常に自分に言い聞かせることにしています。

「おい、澤田、調子に乗っていないか？」

「今、謙虚か？」

ときどき、ハッとして赤面することがあります。根がお調子者ですからね。申し訳ありません。

10年目（2000年）＝夏の甲子園出場校・専大北上

メンバーは、関口裕樹、瀧川一也、土佐大輔、川合史剛、北川弘康、中山俊輔、小野寺超、下坪直人、菊地広隆、中舘晃太、一井俊太郎、遠藤佑弥、堤賢太、マネジャーの岩崎裕美。この代も中山主将を中心に仲のいい、いわゆる「いい子」たちの集団でした。

私たち指導者は「いい子」に上手になってほしいし、勝ってほしいと願います。「いい子」は、それだけの資格を持っているのです。しかし、現実は残酷なもので必ずしもそうならず、むしろその反対の結果を招いてしまうことが多いものです。「いい子が勝てない」というのは、私に限らずすべての指導者にとって「永遠のテーマ」ではないでしょうか。

私は残酷な結果に終わった時にかける言葉が見つけられず、いつも苦しみました。どんなに美しい言葉をかけても、甲子園に出られない、試合に負けてしまったという事実を消すことはできません。だからこそ、勝たなければいけないのです。

もっとも、手を抜かず、必死で練習に取り組みながらメンバーに入れなかった、甲子園に出られなかった「いい子」が、それで損をするのかといえばそうではないと思います。卒業後もその態度を変えずに頑張り、それを認められて幸せに生きている。こういう報告を聞くと、人生という長いスパンで考えた時には、結果がどうあれ高校3年間をどう過ごしたかが大事なんだな、とうれしくなるものです。

ちなみにこの年、甲子園に行った専大北上の4番は畠山和洋選手(現・ヤクルト)でした。彼は高校通算62本塁打の大砲で、そのうち十数本は我が盛岡大附が献上したものです。強気の勝負を命じた監督の責任です。私が彼をプロに行かせてしまいました(笑)。押したり、引いたりするのが「勝負師」なのに、「猪突猛進型」の私には当時、「引く」という選択肢がなかったのです。

12年目(2002年)＝夏の甲子園出場校・一関学院

メンバーは、加藤慎平、新屋誉起、高橋一樹、畑山裕樹、三浦大樹、山田裕

一、川村理、小野寺直人、田村正樹、茶畑公太、三浦哲男、柳沢友也、岡本直也、小須田敏和、中村正一、辻屋祐太、阿部桂亮、マネジャーの坂田敦美、下河原望、主浜千帆でした。

前年（01年）夏の甲子園は3年生中心のチームだったので、核になる選手の育成に苦慮しました。この年は「11年間で甲子園出場3度は客観的に見て素晴らしい実績だ」と自画自賛（誰もほめてくれないから）する気持ちがどこかにありました。だいたいこういう風に過去を振り返るのは、現実逃避したい時なんです。練習、練習試合、合宿など、すべての面で手を抜いた覚えはないのですが、采配だけでなく、いろいろなことがちぐはぐでした。結局、秋、春とも地区予選で敗退。夏の岩手大会も準々決勝で盛岡商に2－3のサヨナラ負けで終わりました。

この時、私も30代後半にさしかかっていました。監督を引き受けた時の熱い思い(初心)を忘れないように頑張ってきたけれど、生徒の勧誘から指導、バスの運転手などすべてを一人でこなすことに限界を感じていました。父が残してくれた遺産も底をつき、さまざまな出費を妻に内緒で給与から捻出するようになっていて、何度目かの家庭不和もストレスに拍車をかけました。

甲子園に行っても家庭不和、負けても家庭不和。子供の幼稚園、小学校の運動会など一度も行ってやることができず、子供たちからの信頼もありません。もちろん、そんなことは想定内で、それを飲み込んで監督を引き受けていたのに、どうしてこうもむなしくなるのでしょう。

人間として成長していないのかと考え込み、寮にいる時は一人でもっぱら本を読んでいました。生徒たちに「本を読め」と勧めておきながら、自分でちっとも読んでいないことに気付いたからでもあります。哲学書、ビジネス書、そして小説――。プロ野球の名選手で、監督を歴任した野村克也氏のヤクルト時代の著書は読みましたが、野球関連のものは少なかった気がします。それが私の引き出しの一部になりました。今、振り返ってみればおそらく、ジャンル違いのものに触れる経験が必要だったんですね。

出口のないトンネルに入り込んでしまったようなこの時期、ストレスのはけ口は飲食だけでした。2週間に1度ほどのペースで、同年代の教員3人で焼き肉、寿司の後で飲むという生活を送っていました。お陰さまで体重は114キロまで跳ね上がりました。

しかし、どんなに遅くまで飲んだとしても、朝練習、遠征に遅刻することはありませんでした(当たり前のことですが)。一緒に飲んでいた柔道部の見上匠吾先生が朝6時からのトレーニングを絶対に欠かさないのですから、私も甘えていられないと襟を正すことができたのです。

また、これだけだと体育会系のスポーツバカの集まりになってしまうところを、売れない作家のような雰囲気の国語科教諭・伊藤泰彦先生が「ごく普通の感覚」で突っ込みを入れてくれて救ってくれました。野球とは関わりのない人たちの意見を聞きながらの〝研修〟は、貴重な時間でした。本もそうですが、自分とは違う世界の人と交わることも大事です。

念願だった専用グラウンドは2002年に完成。
たとえぬかるんでいても打撃練習は行う

コラム 3　私の指導に影響を与えた先生②&③

頭で野球することを教えてくれた先輩
仙台育英（宮城）・佐々木順一朗監督

言わずと知れた甲子園常連の偉大な監督で、甲子園にはこれまで春6度、夏12度出場し、2001年春と15年夏の2度準優勝。明治神宮大会は2度、国体も1度優勝しています。佐々木監督が他の監督と大きく違うのは、奇抜なこと、ダイナミックなことをするのではなく、教科書通りの采配を振ることです。まさに「ミスター王道」、「ザ・高校野球監督」と評するのが、一番上手に形容する言葉だと思います。

先生は「身体」で野球をするのではなく、まさに「頭」で野球をしています。例えば「陸上競技は1秒、0・01秒を縮めるために、科学的にどうすべきかを必死になって考えているのに、野球はまだまだ（科学的ではない）」という考えを持っており、その指導は実に科学的。バッティング一つ取ってもバットの出し方、角度などについて、どのようにしたらボールは理想的な飛び方をするのかを研究しておられます。守備にしても「定位置は本当に定位置なのか」という疑問から入ります。

だから、仙台育英の選手はきれいなフォームで打ち、守備では理想的な無駄のない動きをしているのです。しかも、ご自身が東北高校時代はエースで4番として活躍したすごい選手ですが、自分で見本を示して教えなくても、ビデオや言葉で選手をオールラウンドに育てることができる希有な存在です。これは私だけでなく、高校野球指導者の一致した意見でもあります。

どちらかというと動物的なカンを優先してきた私には、佐々木先生のアプローチは大変参考になりました。私は自分を持っていそうで意外と柔軟なところがあるので、「いいものはいい」と素直に何でも吸収します。おかげで指導の幅は広がりました。

悲しいかな、佐々木先生の悪いところ(欠点?)は、自分を慕って指導を乞いに訪ねて来た人には誰でも、包み隠さず自分の知りうるすべての事を教えてしまうところです。だから、佐々木先生と仲良くなった指導者のチームは次々に強くなり、結果的には自分でライバルを作り出してしまっています。このことを本人が気付いていない（もしかしたら気付いていてあえて？）ことが、何よりの欠点だと思います（笑）。

スポーツ界は、科学的なアプローチをこれまでより積極的に取り入れていく傾向にあります。その中で「高校野球」に科学を持ち込み、大きな風穴を開けた偉大なパイオニアの一人が佐々木順一朗先生だと思います。

マネできない〝石橋マジック〟黒沢尻工（岩手）・石橋智監督

石橋先生は、秋田工（秋田）を1986年夏の甲子園に導き2勝、国体にも出場させた方です。その後、青森大（青森）監督、青森山田中（青森山田リトルシニア＝青森）監督、久慈東（岩手）監督、盛岡北（岩手）副部長を歴任し、現在は黒沢尻工監督として活躍しておられます。青森大監督時代に、6人のプロ野球選手（八馬幹典＝元・横浜、細川亨＝

現・楽天、中村渉＝元・日本ハム、工藤隆人＝現・中日、小山田貴雄＝元・ヤクルト、福田信一＝元・ダイエー）を育てています。

私は青森山田コーチ時代に、同じ寮の同じ部屋（6畳2間）で石橋先生と寝食をともにしていました。石橋監督は、私とはタイプが異なり、良く言えば「紳士」、悪く言えば「インチキ詐欺師」のような人です。選手に対して大きな声を出し、威圧するような指導はほとんどなく、笑いの中での練習が主でした。なおかつ練習時間が短い。そんな指導方法で本当に結果（勝利）が出るのだろうかと不思議に思う方がほとんどかと思います。

これが、出るんです。本当に。生徒たちは石橋監督の手のひらで遊んでいるように、石橋野球を実践して勝利を手繰り寄せるのです。

では、いったいどこに秘訣があるのか。言葉で表現するのは難しいんですが、一つ言えることは石橋先生が大変勉強家だということです。生徒とのコミュニケーションも上手で、選手たちは嫌々やるのではなく、自ら理解し、納得して実行するというスタイルを学んでいきます。それが生徒、保護者に受け入れられ、受け入れられるから、さらに力を付けていくのだと思います。

この方法は、一歩間違えば「野球部崩壊」につながりかねません。選手の意見を取り入れ、納得して取り組ませていくことは、逆に言えば教師としての自分を殺し、生徒に迎合してしまう恐れを含んでいるからです。しかし、そこはさすが〝石橋マジック〟。彼の手にかかれば、そんな心配はありません。選手たちは畏敬の念を持って、石橋監督の教えを受けているようでした。

石橋先生は教材研究に対しても手を抜かず、授業に対しても真剣なため、進学校での教科指導の評価も高いです。私は同じ社会科（地歴公民科）教諭として、先生の教科指導法も参考にさせていただいております。なんとも、何をやってもできる人はできるんですね。

これからの黒沢尻工は、目が離せないと思います。ご注目を！

第4章

守備の崩壊

◇開始11時21分、観衆1万

【2回戦・第2試合】

	1	2	3	4	5	6	7	8	9	計	安打
盛岡大付（岩手）	0	0	0	0	0	0	0	0	0	0	5
安打	2	1	0	0	0	0	1	0	1		
横浜（神奈川）	5	0	0	0	4	1	0	0	X	10	8
安打	2	0	1	0	3	2	0	0			

盛岡大付		打数	得点	安打	打点	三振	四死	犠打	盗塁	失策	通算打率
（遊）	佐藤栄②	4	0	1	0	0	0	0	0	2	.250
（二）	藤　村②	3	0	1	0	0	0	0	0	1	.333
代打	鷹　井③	1	0	0	0	1	0	0	0	0	.000
（右）	小山田②	4	0	0	0	0	0	0	0	0	.000
（一）	西　田③	4	0	1	0	0	0	0	0	0	.250
（左）	三　浦②	2	0	0	0	0	0	0	0	0	.000
代打	武　田③	1	0	0	0	0	0	0	0	0	.000
左	阿　部②	1	0	0	0	1	0	0	0	0	.000
（捕）	小　林②	3	0	1	0	0	0	0	0	1	.333
（投）	山　下③	3	0	0	0	0	0	0	0	2	.000
（三）	佐藤孔②	3	0	1	0	1	0	0	0	0	.333
（中）	吉　原③	3	0	0	0	0	0	0	0	0	.000
併0残5		32	0	5	0	3	0	0	0	6	.156

横　浜		打数	得点	安打	打点	三振	四死	犠打	盗塁	失策	通算打率
（右）	松　原③	4	2	0	0	1	1	0	0	0	.000
（二）	玉　城②	3	1	0	0	1	0	2	1	0	.000
（中）	荒　波③	5	2	1	1	1	0	0	3	0	.200
（一）	黒　木③	2	2	2	1	0	2	0	0	0	1000
（三）	西　江③	4	2	2	2	0	0	0	0	0	.500
（左）	石　川②	3	0	0	0	1	0	1	0	0	.000
（遊）	吉田真③	4	1	2	3	0	0	0	1	0	.500
（投）	成　瀬③	2	0	1	1	1	0	1	1	0	.500
代打	吉田斉③	1	0	0	0	1	0	0	0	0	.000
投	涌　井②	0	0	0	0	0	0	0	0	0	――
（捕）	村　田②	4	0	0	0	3	0	0	0	0	.000
併0残5		32	10	8	8	9	3	4	6	0	.250

	回数	打者	投球	安打	三振	四死	失点	自責	通算防御率
山　下③	8	39	126	8	9	3	10	3	3.38
成　瀬③	7	25	62	4	0	0	0	0	0.00
涌　井②	2	7	25	1	3	0	0	0	0.00

▷ボーク　成瀬＝2回
◇審判＝日野（球）鹿多、高橋、宅間
◇試合時間　1時間47分

◇2003年の3年生

西田 貴志（主将）
山下 徹
吉原 龍也
鷹井 慎
武田 義央
中村 済
三浦 慎吾
平野祐子（マネジャー）

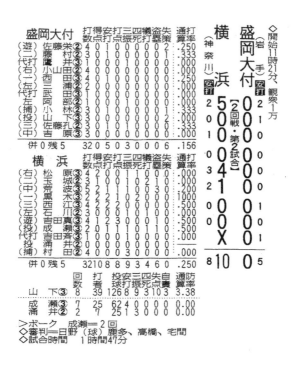

ヒットの数は互角なのに0－10

2003年は、濃いメンバーが集まりました。特に鷹井慎は、私たちの頃のヒット映画でいうと「ビーバップ・ハイスクール」、最近なら「ルーキーズ」や「クローズ」の一人版といったら分かりやすいでしょうか。とにかく「何でいちいち先生や先輩に挨拶せな、あかんのや」という態度で入学してきたのです。とはいえ、ここに至るまでの私は、元楽天・野村克也監督の「野村再生工場」をもじって周囲から「澤田更生工場」と呼ばれるくらいさまざまな事例を経験してきました。これまでの経験を駆使して彼に接し、彼は入学からたいして時間もかからず「人間」になってくれました。

ここでぜひとも指導者のみなさんに注意しておきたいのは、生徒の「野獣の牙だけは残しておく」ということです。決して猫にしてはいけません。いざという時に力になるのは、やはり野生の力です。牙です。戦う本能まで削ってしまっては、意味がありません。

前年の敗戦の教訓を活かして秋の大会に臨み、スタメンに1年生が6人並ぶ若いチームながら県大会で優勝することができました。東北大会では3度目の挑戦で準決勝の壁を破り（仙台育英＝宮城＝に5－4）、決勝戦で東北（宮城）に負けはしましたが準優勝。エース右腕・山下徹が県ブロック予選から東北大会決勝まで10試合を一人で投げ抜いて、初のセンバツ出場への道を拓いてくれました。

苦節13年、東北の雄・東北と東北地区の頂点を争うまでになったことに感慨深いものがありました。準決勝の仙台育英戦でも同様の思いをかみしめました。決勝戦は、東北に胸を借りようなどという気持ちは微塵もなく、ここで勝って東北の王者として甲子園で暴れてやろうでもなく、ただただ「東北を倒してやる」、その一心で試合に臨みました。しかし壁は厚かった。さすがにダルビッシュ有投手です。9イニングを4安打に抑えられ、0－3で完封負けでした。彼は、すらっと伸びた手足に目鼻がくっきり、すっきり、はっきりしていて少女漫画にでも出てきそうな顔立ち。身長195センチ、体重80キロほどだったでしょうか。顔も、スタイルも、ボールも言うことなし。ストレートは140キロ台後半で、変化球は縦と横のスライダー系のボールを自由自在に操っていました。普通の高校生であれば、3年の夏にやっと変化球でストライクを取れるレベルに到達するものです。「こういう子がメジャーに行くのだろう」と私は思いました。

03年1月31日の選考委員会で、正式にセンバツ初出場が決定しました。ウチは雪を避けて温かい沖縄でキャンプを張って調整し、その後、甲子園に入るというスケジュールで初めての春に挑みました。もちろん、初勝利をつかむつもりでした。

組み合わせ抽選で初戦の相手は、名門・横浜（神奈川）に決まりました。現在、そのメンバーのうち成瀬善久投手（現・ヤクルト）、荒波翔外野手（現・DeNA）、1学年下の石川雄洋内野手（現・DeNA）、涌井秀章投手（現・ロッテ）の4人がプロで活躍しています。前評判はもちろん好投手・成瀬、涌井両投手を擁する横浜有利でしたが、空気の読めない私、澤田は本気で勝つ、勝てると思って作戦（戦術）を練り、それを実行するための練習を選手たちにさせていました。

秘訣はありました。

野球は点取りゲームです。成瀬投手のストレートをビデオで見ると、きれいなフォームだし、球もさほど速く感じられなかったので、打てる投手だと思いました。また、コントロールも良く、だからこそランナーさえ出ればエンドランを決められるとも考えていました。そこでウチの選手には左の打撃投手を数多く打たせて自信を付けさせ、これで〝成瀬対策〟は万全のつもりでいたのです。ちなみに、涌井投手は下級生だったため、対策などあまり考えていませんでした。

ホント、無能でした。

初回に先頭バッター・佐藤栄誉がヒットで出塁し、続く2番・藤村擁もヒットでノーアウト一、二塁としましたが、3番・小山田佑樹がバント失敗。イケイケのムードに水を差した形になりました。ここは打たせるべきだったと後悔です。結局、1点も奪えませんでした。それどころかその裏、3失策が絡み、投手の成瀬君にスクイズまで決められて5点を先制されてしまいます。ソツのない野球で知られる横浜は、簡単に点をくれるほど甘くありません。その後はチャンスらしいチャンスも作れず、逆に点差が離れていって最終的には0－10の〝歴史的敗北〟を喫してしまいました。

ヒット数はウチが5本、横浜が8本と互角でした。エースの山下徹は8回9奪三振、横浜は成瀬投手が0、涌井投手が3奪三振。数字だけ見れば、攻守ともに互角です。それなのに、なぜこんなにも点差が開いてしまったのでしょう。今回も、できて当たり前の守備のほころびからの失点でした。横浜相手でなくても、甲子園で6つもエラーが出たら勝てるわけがありません。

試合後、光星学院(現・八戸学院光星)を率いていた後輩の金澤成奉監督(現・明秀日立監督)に、またしても痛烈な〝感想〟をぶつけられました。「守備はできて当たり前。ひどい試合やで。山下がかわいそうやんけ。わしも、生徒を連れてわざわざ関西遠征に来て、練習まで休みにしてアルプススタンドに応援に来てやったのに来なければ良かった。ほんま、何してんねん、澤田さん。あかんで」

こんなことを言われ、彼は本当に素晴らしい後輩だと私は思いました。普通は負けてすぐ、ここまでは言いません。金澤の言うことは事実です。守れなかったのが敗因です。5回に0－8とされてなお2死一、三塁から、ダブルスチールを決められた場面がありました。決められないよう練習をしなくてはならない、そうしてきたつもりだったのですが……。

一方、相手の成瀬くんのストレートは130キロ程度で、打てそうな気がしてしまいます。でも、彼は落ち着いていて、バント処理も牽制もうまい。投手としての感性が豊かというのか、自分が有利な状態を作れる、自分を守る力のある投手でした。だからプロでもやっていけるんですね。

もう一つ、感心したことがあります。対戦が決まってからというもの、私はさまざまな人脈を使って横浜のデータを集め、分析したつもりでした。しかし、横浜はそれ以上にこちらを分析していたんです。甲子園入り前に、沖縄で直前キャンプを行っていた時のことでした。練習をしていると、バックスクリーンの脇に人影が見えました。私の視力は動物並みの3・8(!)なので、凝視して観察すると横浜の小倉清一郎部長だとわかりました。

あの強豪・横浜が、盛岡大附を偵察に来ていたのです。

おかしな話かもしれませんが、私はそのことにうれしさを感じました。そして、失礼があってはいけないと思い、すぐに小倉さんに駆け寄ってバックネット裏に案内したのです。かなりのお人よしですよね。その時、小倉さんといろいろとお話させていただきましたが、去り際の「ウチは初戦で負けるわけにはいかないんだよ。負けたら大変なことになるんだよ」の言葉が印象に残りました。目に見えない重いプレッシャーを、横浜が常に感じていることがよく分かるひと言でした。

甲子園で何度も優勝している横浜が、まだ1度も勝ったことのない盛岡大附の偵察をするため沖縄にまで来たことで、近代野球は「データ収集・分析が命」だということを改めて思い知りました。また、好投手2人を擁してこの大会準優勝した横浜を見て、「投手を複数作れるか」が勝利へのテーマだとも痛感させられました。ウチは山下がほぼ一人で秋も、センバツも投げたため、夏までに調子を戻すのに苦労しました。

大敗に落ち込み、センバツ初出場の余韻に浸る間もなく盛岡に帰ってすぐに練習、練習です。5月の春の県大会は決勝で一関学院に2－3で負けたものの準優勝、東北大会4強という成績を収め、夏に臨むことになりました。

私自身、死角なしと思える状態で大会に入り、センバツのリベンジをすることを念頭に岩手大会を戦いました。決勝戦は、岩手の古豪・福岡との対戦になりました。7回まで0－0の、本当に苦しい試合でした。8回にようやく1点を奪って勝ったのですが、9回ワンアウトの場面で相手の4番を敬遠しなければならなかったことが本当に悔しく、情けなく感じました。

1点を争う中での一瞬の迷い

ともあれ、さあ、これでセンバツ大敗の雪辱ができる！　そう意気込んで5度目の甲子園に乗り込みました。

初戦の相手は、福井の古豪・福井商でした。6回表を終わって1－6。またもや勝利は遠いのか、と思われたその裏1死一塁から5連打と犠飛で一挙5点。選手たちが粘って試合を振り出しに戻しました。ところが、です。延長10回1死三塁、山下が大暴投して決勝点を与えました。失策は春と同じ6つ。エラーからの失点という負の連鎖は止まりませんでした。

甲子園での負け方その4は

「守備の崩壊」です。

横浜に大敗した後、できなかったランダウンプレーをはじめ、我が校も守備の強化をしてきました。しかし結果を見れば、それは県大会を突破できる程度のものでしかありませんでした。大きな試合になればなるほど、選手には重圧がかかります。重圧のかかった場面でエラーが一つ出ると、連鎖反応で普段エラーをしない選手もしてしまうことがあるのです。

守備が「崩壊」するような練習をしているチームは、甲子園出場クラスならないはずです。甲子園には行けなくても、守備をおろそかにしているチームはないと思います。私が赴任した当時の我が校のようにグラウンドが十分でないところなら、打撃より守備の時間の方が長いかもしれませんが。

でも、守備は「崩壊」するものなんです。そういう可能性を頭に入れた上で、練習を徹底することが大事。そして、最初の甲子園で感じたことですが、負の連鎖反応を止める(選手を落ち着かせる)ための「魔法の言葉」を、私たち指導者はいくつか用意しておく必要があります。

◇開始1時54分、観衆3万

【1回戦・第3試合】延長10回

	1	2	3	4	5	6	7	8	9	10	計
（福井）安打	1	1	3	1	0	0	1	0	0	3	10
福井商	0	0	4	0	0	2	0	0	0	2	8
盛岡大付	0	1	0	0	0	5	0	0	0	0	6
（岩手）安打	0	2	0	0	0	6	1	0	0	0	9

福井商	打数	得点	安打	打点	三振	四死	犠打	盗塁	失策	通算打率
（中）荒　井③	5	1	2	1	0	1	0	1	0	.400
（捕）吉　長③	4	1	2	0	1	1	0	0	0	.500
（左）中垣内③	1	1	1	0	0	2	2	0	1	1.000
（一）高　橋③	5	1	1	1	1	0	0	0	0	.200
（右）高　野③	5	1	2	1	0	0	0	0	0	.400
（二）木　村②	3	1	0	0	0	1	1	0	0	.000
（三）宮　前①	2	2	1	0	0	0	2	0	1	.500
（投）稗　田③	4	0	1	0	0	0	1	0	0	.250
（遊）松ケ谷②	3	0	0	1	0	0	2	0	0	.000
併0残8	32	8	10	4	2	5	8	1	2	.313

盛岡大付	打数	得点	安打	打点	三振	四死	犠打	盗塁	失策	通算打率
（中）吉　原③	4	0	0	1	0	0	1	0	0	.000
（左）阿　部②	4	1	1	0	1	0	0	0	0	.250
左　小　崎②	0	0	0	0	0	0	1	0	0	.000
（遊）佐藤栄②	4	0	0	0	2	1	0	1	2	.000
（三）西　田③	5	1	2	0	0	0	0	0	1	.400
（一）三　浦②	5	2	2	0	1	0	0	0	0	.400
（右）小山田②	4	1	1	1	0	0	1	0	0	.250
（二）藤　村②	4	1	1	1	1	0	0	0	1	.250
（捕）小　林②	3	0	2	3	0	1	0	0	1	.667
（投）山　下③	2	0	0	0	0	2	0	0	1	.000
併0残6	35	6	9	6	5	4	3	1	6	.257

	回数	打者	投球	安打	三振	四死	失点	自責	通算防御率
稗　田③	10	42	142	9	5	4	6	6	5.40
山　下③	10	46	132	10	2	5	8	2	1.80

▷二塁打＝吉長、三浦、高野▷妨害出塁　宮前（小林）＝10回▷暴投　山下＝10回

◇審判＝古川（球）中本、飯塚、桑原

◇試合時間　2時間36分

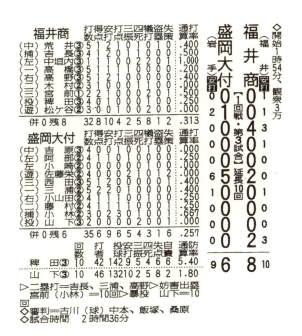

守備ミスの話のついでに、攻撃のミスについても触れておきます。

6－6の同点で迎えた9回裏無死一塁、私は吉原龍也に打たせました。結果はセンターフライ。もともとバントのサインは出していたのですが、追い込まれたため「スリーバントで失敗するより、打たせていい流れを引き寄せたい」と迷って変えてしまったのです。センバツ以降の練習で、吉原のバッティングが良くなったのを見てきました。足も速かったので、ゲッツーはないだろうという自信もありました。しかし、今思えば、福井商の三塁手は1年生でした。相手にしてみればサヨナラ負けがちらつく場面でしたから、サードに転がして焦らせる手はありました。

もっと言えば、6回裏に同点に追い付いたところで勝ち越さなければなりません。1点でもリードできていれば、山下も、ほかのナインも「いける！」と思えたでしょう。1点を貪欲に取りにいく姿勢に欠けていました。

9回裏、四球を選んで走者になったのは、エースの山下でした。炎天下の中、ランナーで残って無得点。気落ちもあったと思います。そのまま10回のマウンドに上り、先頭打者の5番・高野和勇選手に三塁線を破られる二塁打を打たれました。そして、送りバントでしっかり送られた1死三塁で暴投です。福井商はセオリー通りに犠打を決め、決勝点を奪いました。

私の采配については例によって「あそこ（9回）はバントだろう！」という強い〝抗議〟がいくつも寄せられました。盛岡の「東京大学出身者の会」と名乗られる方からは「生徒がかわいそうだから、頼むから（監督を）今すぐ辞めてくれ」という趣旨の電話があり、さらに手紙も届きました。世間にはいろいろな団体があるものです（感心するのは、そこではないですね）。

やはり、（吉原は）送りバントだったのかな……。

監督は瞬時の判断力が要求される職業で、一瞬の迷いが命取りになります。初勝利をつかみたい焦りから、勝負を急ぎ過ぎてしまったかもしれません。

地獄の仏と天国の鬼

2003年夏、つかみかけた甲子園初勝利を逃した直後、私は生き地獄にでもいるような気持ちで生徒のクールダウンを見守っていました。

甲子園では、負けたチームも日本高野連が委託した理学療法士の指導の下、球場内でクールダウンすることが義務付けられています。負けた身としては一刻も早く宿舎に帰りたいのですが、それは許されていません。大会中は、すべてマニュアル通りに行動しなければならないのです。

早く終わらないかな。

私がそう思っていた時、年配の優しそうな男性が声を掛けてきました。

「惜しい試合でしたよ。先生が一生懸命指導なさった生徒さんなんだなあ。そんなことがよく伝わる試合でしたよ。私の恩師が盛岡出身なので、他人事とは思えず、気付いたら応援してました。これからも頑張って下さいね」。

男性の正体は何と……脇村春夫・日本高野連会長(当時)でした。

脇村さんは2002年11月～08年11月まで日本高野連会長を務められた方で、ご自身も湘南(神奈川)時代の49年夏、第31回大会で初出場優勝を経験。東大硬式野球部では主将で、社会人の東洋紡でもプレーした偉大な先輩です。

この時の私は、恥ずかしながら脇村会長の輝かしい経歴を知りませんでした。ただ、敗戦のショックから立ち直れずにいる田舎者監督に慈雨を惜しみなく注いでくださった優しさに感謝の念を抱いたのです。その後、会長の来歴を知り、それほどの優れた野球人、社会人がわざわざ声を掛けてくださったことにさらに感服しました。

人が本当に困っている時、弱っている時に攻撃してくる人は多いのですが、元気の出る言葉を掛けてくれる方はあまりいません。脇村会長は、私の気持ちに寄り添い、元気の出る言葉を掛けてくださった数少ない人生の先輩でした。

そのような人もいる中で、同じ日本高野連会長でも第6代の奥島孝康氏は残念でした。ここは本校の名誉のためにも、記しておかなくてはと思います。

あれは12年夏の岩手大会決勝で、花巻東の最速160キロ右腕・大谷翔平投手（現・日本ハム）を打ち崩して出場を決めた7度目の甲子園でのことです（私はすでに監督を退いていましたが、総監督として野球部に関わっていました）。大谷投手と注目を二分した長身右腕・藤浪晋太郎投手（現・阪神）を擁した大阪桐蔭（大阪）が史上7校目の春夏連覇を飾った閉会式で、奥島会長はこともあろうに「大谷君を見たかった」などという発言をしたのです。

本当に驚きでした。大谷君を打とうと懸命に努力し、それを現実にしてやっと甲子園の土を踏んだ本校の選手たちがどのように感じるのか。彼らをバックアップした保護者、関係者たちがどのように思うのか。そういうことを想像することもできないのか。本当に心ない発言でした。

私はその話を耳にした時、怒る以前に悲しさ、虚しさを覚えました。

言葉というものは恐ろしいものです。人の心を温める毛布にも、人の心を傷つける剃刀にもなるものだと改めて感じました。

これは自身の襟を正す機会にもなった〝事件〟でした。

花巻東・大谷翔平投手との〝決戦〟

大谷君の話が出たので、ここでウチのチームが取り組んだ「大谷対策」について少し触れておきたいと思います。

◇岩手大会決勝

盛岡大附	0	1	3	0	0	1	0	0	0	5
花巻東	0	0	0	0	1	0	0	0	2	3

〔盛〕出口心海－千葉俊
〔花〕大谷翔平、小原大樹、大谷翔平－佐々木隆貴
本＝二橋大地（盛）　三＝高橋恒（花）　二＝八木亮哉、小船友大（盛）　泉沢直樹（花）

雨による順延で準決勝から2日後となった12年7月26日、晴天の県営球場で全国が注目する岩手大会決勝戦が行われました。

悲しいかな、「盛岡大附と花巻東の決勝戦」が注目なのではなく、準決勝で大谷君が計測した「160キロ」を超える球速が出るのか、三振の山をどのくらい築き上げるのかなど、全国民の目は「花巻東の大谷投手」に注がれていたのです。ウチが勝とうものなら、県民はおろか全国を敵に回してしまうような異常な雰囲気に球場が包まれていたことを、今でもはっきりと覚えています。

試合は、1－0の3回1死一、二塁でウチの4番・二橋大地が左翼ポール際へ3ランを運び、それが結局決勝点になりました。この一発はファウルかどうか微妙だったため球場は騒然とし、花巻東は3度も伝令を出して確認しましたが、判定は覆りませんでした。こうした経緯も、奥島会長の「大谷君を見たかった」というコメントにつながったのかもしれません。

実際、本校事務室には試合終了を待たずに「ファウルだっただろう」、「あれさえなければ花巻東が勝っていた」などの苦情が殺到。電話が鳴りやまなかったそうです。

ただ、二橋が大谷君からホームランを打ったのは、偶然などではありません。160キロの速球をあそこまで飛ばしたバッティング技術のことを、みなさんは認めてくれないのでしょうか。あの技術を身に付けるために、選手たちは毎日必死に練習したのです。

速球を打つには、それ以上のスピードのボールを打つこと、打たないまでも「見る」ことが大切です。目、脳に情報を伝える（＝体感する）ことが必要でした。光星学院（青森＝現・八戸学院光星）で総監督だった、私の大学時代の後輩、金澤成奉氏からそのことをアドバイスされた本校の関口清治監督は、選手たちに繰り返し、真剣に伝えていました。11年の冬から金澤総監督が週末ごとに盛岡に来てくれて、バッティング指導をしてくれたことも大きかったです。いずれ大谷投手と対戦することを視野に、ひと冬みっちり打撃を磨いてきたことが夏に実ったのです。

ちなみに、金澤総監督にアドバイスを受けた時の、私とのやりとりはこんな感じでした。

「バットを短く持って食らいついていけば、あの大谷投手もさすがに疲れるだろ？」

「短く持って当てる？　先輩、あんた、何言ってんの？　だから甲子園で1回も勝てんのですわ」

「じゃー、成奉、お前ならどうすんじゃ？」

「一世一代の勝負なんですよ？　全国が注目する試合なんですよ？　そりゃあ、思い切りバットを振るんです。三振かホームラン。そのくらいのこと、しないとダメなんですよ」

「おい、関口（監督）、俺と成奉のどっちを取るんや」

監督の関口は、私の顔を立ててうまくごまかしましたが、どちらの手法を取ったのかはあの決勝戦の結果でわかると思います。恩師よりも金澤総監督の意見を採用したわけですが、状況を冷静に判断した彼の姿に「本当に関口に監督を譲って良かった」と安堵したものです。しかし、私は野球を外から見られるようになっていたにも関わらず、まだまだでした。

夏の大会前には打撃マシン1台を「大谷君」と名付けて名前を書いた紙を貼り、160キロに設定して選手にとにかく打たせました。3番を打たせていた佐藤廉、4番の二橋を中心に、レギュラー組がそのスピードに慣れるのにそう時間はかかりませんでした。

さらに、この時の大谷君はまだコントロールがそれほど良かったわけではないので「低めは捨てる」という〝好投手攻略のセオリー〟をベースに、関口監督、松崎克哉部長(聖光学院＝福島＝では主将で05年夏の甲子園に出場、八戸大でも1年からレギュラーをつかんだが故障で選手を断念)が独自の分析を加えて練り上げた「打倒・大谷投手、打倒・花巻東」作戦を完成。これを徹底して、勝利をつかんだのです。大谷君には15個の三振を奪われました。しかし、9安打中4安打が長打でした。

あの試合、二橋のホームランで球場がざわつく中、心を乱すことなく自分たちのしてきたことを貫き通して甲子園切符をつかみ取った選手たち。

甲子園では「あの大谷投手を倒したチーム」と全国から過剰な注目を浴び、試合外の負担が大きかった中、甲子園で初勝利こそ挙げることはできなかったけれど、立正大淞南（島根）と延長12回、４－５の熱戦を繰り広げた選手たち。

彼らの頑張りを見てきたからこそ、あの奥島会長の発言は残念でなりませんでした。

選手は地道な努力を重ね、2012年夏の甲子園切符をつかみ取った

コラム4　私の歩んだ野球人生

澤田野球のベースになった東北福祉大

　私が本格的に野球を始めたのは小学生の頃でした。もともと体を動かすことが好きで、また得意としていました。そのまま中学、釜石北高校と野球を続け、大学は東北福祉大に入学しました。

　私が通った東北福祉大は、JR仙台駅からタクシーで2000円ほどの距離にあり、駒大との関係が深い曹洞宗系の大学です。学生数は通信を入れて約9500人(私の娘は後輩になりました)ほどで、偏差値は50～55。東北地区最大級の規模を誇り、就職実績も高く、学部学科も多岐にわたっています。福祉系の学部だけではなく、教育系、心理学系、看護医療系などの学問を研究する機関としての評価も受けています。さらに、日本の大学野球界をけん引している硬式野球部は、全国大学野球選手権優勝2度、準優勝6度の強豪。ゴルフ部(プロゴルファーの松山英樹、池田勇太選手らを輩出)も日本一を継続中で、スポーツの大学としてのイメージも強いようです。

現在副学長で野球部長の大竹榮先生お気に入りの野球部寮は、近代的でお洒落な外観の建物で一人部屋。快適な環境を誇り、球場や室内練習場も他の大学と比較して見劣りしません。仙台での試合が雨天で中止になった時には、プロ野球の球団が練習として使用するほどの充実した施設を持っています。

ＯＢには、世界新記録となる９０４試合連続フルイニング出場を成し遂げた現・阪神監督の金本知憲、２０００安打を達成した元・中日の和田一浩、元メジャーリーガー・斉藤隆、ハマの大魔神こと佐々木主浩をはじめ数多くのプロ野球選手や、明秀日立（茨城）・金澤成奉監督、甲子園準優勝３度を誇る八戸学院光星（青森）・仲井宗基監督、山形県勢初の甲子園ベスト４進出を果たした日大山形（山形）・荒木準也監督、阪神・鳥谷敬内野手の恩師である聖望学園（埼玉）・岡本幹成監督、花咲徳栄（埼玉）・岩井隆監督、「日本お人よし協会会長」（私が名付けました）の健大高崎（群馬）・青柳博文監督、そして本校監督の関口清治ら数多くの指導者が名を連ねています。

こういうチームですから、全国の名だたる高校から進学してきた1学年数十人単位の選手が常に競争していて、ベンチ入りするだけでも大変。そこでもまれ、上下関係、大人としての振る舞い、野球観などを叩きこまれたことは、間違いなく私の高校野球指導者としてのベース、礎になっていると胸を張って言えます。

恩師・伊藤監督のすごいところ

大学時代のとある日、人生最高の恩師の前で、東北福祉大の同期の主将・藤木豊（前・八戸大監督）と私は顔を真っ赤にしていました。

「わしは監督になってこんな恥ずかしいことは初めてじゃ」

伊藤義博監督の言葉が耳に刺さります。

大学4年生の関東遠征、亜大とのオープン戦でのことでした。ホテルにヘルメットを忘れてきてしまい、対戦相手である亜大のヘルメットを借りて試合をしたのです。試合後に監督から「藤木、澤田、ちょっと来い」と呼ばれ、先に述べた状態になりました。

伊藤監督は本当にすごい方でした。私が入学する前の東北福祉大の先輩、後輩の関係はよくわかりませんが、伊藤監督が就任してからは「後輩に手を出すのは絶対に禁止」でした。監督自身が、芝浦工大時代に野球部寮で大変苦労をした経験があってのことのようです。ですから、伝統校にあるような厳しい上下関係は、東北福祉大野球部にはなかったと思っています。この時のような「忘れ物」についても下級生のせいではなく、上級生の責任、特に主将やまとめ役の私のような立場の者がまず叱られました。

伊藤監督は桜宮(大阪)から芝浦工大に進学し、三光印刷(東京)に就職。その後、大阪で喫茶店を経営しながら、母校・桜宮で監督をされていました。大阪の高校野球戦力図は私立校が優勢で、公立校はなかなか成果を出せません。そんな中、伊藤監督率いる桜宮は1982年のセンバツに出場。公立勢では60年の阿倍野以来22年ぶりの快挙でした。さらに83年夏の大阪大会決勝戦で、当時「阪神より強い」とも言われた桑田真澄投手、清原和博内野手を擁したPL学園と激突。3－5と敗れはしたものの善戦しました。その実績、手腕を評価されて、84年10月に東北福祉大監督に招かれました。

全国大学野球選手権優勝1回、準優勝6回をはじめ、野球部としての実績は挙げたらきりがありません。野球の指導はオーソドックスでした。それよりも学生(選手)との対話を大切にし、学生に学習時間をしっかりと確保させ、野球人として以前に「良い社会人」になるよう教育をしていました。40人以上のプロ野球選手を育てたこともそうですが、何よりもすごいのは多くの監督、指導者を野球界に送り出していることだと私は思っています。現在、伊藤監督の息のかかった指導者は50人以上になるはずです。つまり「人作り」をしていたということです。

また、私の知る限り誰に対しても温かい対応で、周囲への気配りを欠かさない方でした。大学時代も、卒業してからもよく飲みに連れて行ってくださり、そこで高校野球の指導者としての大切なことをたくさん教えていただきました。一番印象に残っている言葉は「進路は(学生にとって)大きなものだ。本人や保護者が納得するような道に進ませるには、たくさんの人脈が必要になる。多くの人と良好な関係を保つためには、真摯な態度、姿勢を忘れるな」です。

これは絶対に忘れません。

今でも、私はこの言葉を心に刻んで高校教諭をしています。

伊藤監督は、私に指導者として、人間として大切なことを教えてくれました。200

2年に亡くなり、もうお会いすることも、話をうかがうこともできないのが悲しく、残念です。

選手会長の難役が成長させてくれた

さて、これだけの個性豊かなメンバーが集まれば当然、グラウンド内だけでなく、寮内でも規律を守ること、守らせることが重要になってきます。私は「選手会長」として同級生、下級生のグラウンド外での生活にも目を光らせていました。「選手会長」は4年生の役目で、主将と協力して監督と選手の橋渡しをし、チームをもり立てていきます。伝統的に三塁コーチも務めます。在任中は、とにかくよく声を出しました。かなり厳しかったので、今は有名になった後輩で、当時は私を恨んだり憎んだりしていた者も少なからずいると思います。もっとも私は元来持っている「鈍感力」のためか、同級生や後輩にどう思われようと「駄目なものは駄目」、「してはいけないことはしない、させない」と毅然とした態度で接することはできました。

高校生はもちろんですが、大学生でも指導者や怖い大人が見ていない時に手を抜き、ルールを破るものです。二十歳を超えて酒やたばこも自由になる大学生ならば、余計に指導は難しい。高校生のように頭ごなしに言うわけにもいかず、そうかといって自主性という深く入り込まないような曖昧なルールでは、150人の学生を統率することは困難です。

そういう状況で、私は鬼軍曹に徹することを選択し、実行しました。自分でもはまり役だとは思いますが、4年間の大学生活の中では同級生や後輩だけでなく、先輩に対して厳しいことを言わなければならない時もありました。私も他の人と同様に皮膚を切ったら赤い血が出るわけですから、まったく平気かと言われればそんなことはなかったのです。一人で眠れぬ夜を過ごしたことも一度や二度ではありません。柄でもなく、こんなことを言うのは恥ずかしいので、このことは墓場まで持っていこうと思っていましたが……。ここでつい、明かしてしまいました。

外野手としてベンチ入りして学んだこともたくさんありましたが、鬼軍曹（選手会長）としての経験が、私の監督時代の大きな柱になってくれたことは紛れもない事実です。この経験がなければ、盛岡大附に入学してきた大阪のやんちゃ、関東のハナタレたちの対応にもさぞ苦慮しただろうと振り返ってしみじみ感じています。だって、大阪出身の金澤成奉〟大監督〟やら上岡良一（日本ハム投手、現・楽天スカウト）やら、ホントにやんちゃだったんですよ。だからこそ今は感謝してますけどね。

例えば、4年ぶりに甲子園に出場した2001年夏の右翼手だった野辺真人。大東畷ボーイズ（大阪）出身で、お世辞にも「いい子で、素直に指導に従っていました」とは言えない子でした。

初戦（2回戦）の近江（滋賀）戦のプレーボール前のことです。球場を見渡していた私は、一塁側アルプススタンドで目を留めました。

えっ？

私は目を凝らしてもう一度、見てみました。明らかに他の応援団、観客のみなさんとは異なる集団がいました。いわゆるヤンキー軍団です。しかも、耳をすますと「野辺、のべ、ノベー」という声援を送っています。彼らの姿を見れば、野辺の中学時代の生活が容易に想像できます。

野辺は大阪から岩手に来て、野球の楽しさ、期待されることの喜びを知ってからメキメキと頭角を現しました。今だから書けることですが、本当は現在、プロ野球・西武で活躍する「おかわり君」こと中村剛也内野手(大阪桐蔭)を誘ったのですが、ウチに入学してはくれませんでした。彼のチームメイトで、おかわり君の代わりに来てくれたのが、〝ヤンキー野辺〟だったのです。結果は、本校にとっても、野辺本人にとっても、親御さんにとっても良かったと思っています。彼を育てることができて、私もうれしかったです。

出会いは本当に不思議。だからこそ大切にしなければなりません。

不思議な縁で結ばれた生徒たちと一緒に成長できたことは
指導者として幸せだった

エネルギーを充電してくれるＯＢ会

最後に、東北福祉大で学んだからこそ得られたものがあります。それが「人脈」です。「人脈」という表現をすると何かきな臭く、ヤバイ感じ(?)もしますが、そんなものではありません(笑)。単純に先輩・後輩の絆が他よりも強く(と私は思っています)、ＯＢの仲がいいのです。

また、仲間たちが全国で多岐にわたって活躍しているため、有望な中学生の情報をはじめさまざまなデータが集まってきます。これまでどれだけ助けられたことでしょうか。年に1度のＯＢ会での様子はとてもお見せできないところもありますが、旧友との再会は懐かしいだけでなく、とてつもなく面白く、日頃の疲れを忘れさせてくれます。エネルギー充電の機会でもあります。

ちなみに私は、個性豊かで濃い仲間を取り仕切る司会役を毎回、務めさせていただいています。今でも「選手会長」なんです。

東北福祉大で選手会長を務めていた頃(写真中央)

第5章

ひと言足りない

◇開始10時48分、観衆1万6千

【1回戦・第2試合】

	安打	1	2	3	4	5	6	7	8	9	計
盛岡大付（岩手）	2	0	0	0	0	0	1	0	1	0	2
（安打）		2	1	1	1	0	2	0	1	1	9
明徳義塾（高知）		2	5	2	0	0	3	0	3	X	15
（安打）		2	5	3	1	1	3	0	2		17

盛岡		打数	得点	安打	打点	三振	四死	犠打	盗塁	失策	通算打率
（右）	小山田③	3	1	1	0	1	1	0	0	0	.333
（捕）	小林③	4	0	2	0	0	0	0	0	0	.500
（三）	佐藤栄③	4	0	1	1	1	0	0	0	1	.250
（投中）	三浦③	4	0	1	0	0	0	0	0	0	.250
（一）	佐藤孔③	4	0	1	0	0	0	0	0	0	.250
（中）	小崎③	1	0	1	0	0	0	0	0	0	1000
投	工藤③	2	0	0	0	2	0	0	0	0	.000
代打	菅原利②	1	0	0	0	0	0	0	0	0	.000
（二）	菅原啓③	3	0	0	0	0	0	1	0	0	.000
（遊）	藤村③	3	1	1	0	0	0	0	0	0	.333
（左）	阿部③	1	0	1	0	0	2	0	0	0	1000
併2残5		30	2	9	1	4	3	1	0	1	.300

明徳		打数	得点	安打	打点	三振	四死	犠打	盗塁	失策	通算打率
（中）	森岡③	3	3	0	1	0	3	0	0	0	.000
（遊）	松原③	4	2	2	2	0	2	0	1	0	.500
（捕）	梅田③	5	2	3	3	0	0	1	0	0	.600
（左一）	田辺③	5	1	2	3	1	0	0	0	0	.400
（一）	中田②	4	0	2	1	1	1	0	0	0	.500
左	伊賀③	0	0	0	0	0	0	0	0	0	——
（三）	久保田③	3	2	2	2	0	2	0	1	0	.667
（右）	野村③	3	0	1	0	0	1	0	0	0	.333
右	榎本③	0	0	0	1	0	0	1	0	0	.000
（二）	西山③	5	2	3	0	0	0	0	0	1	.600
（投）	鶴川③	4	3	2	1	0	1	0	0	0	.500
併5残9		36	15	17	14	2	10	2	2	1	.472

	回数	打者	投球	安打	三振	四死	失点	自責	通算防御率
三浦③	1 2/3	15	68	7	0	5	7	7	37.80
工藤③	6 1/3	33	117	10	2	5	8	7	9.95
鶴川③	9	34	102	9	4	3	2	1	1.00

▷三塁打＝鶴川▷二塁打＝梅田▷捕逸　梅田＝8回▷暴投　三浦＝1回、工藤3＝6回、8回2
◇審判＝宮本（球）生越、西貝、馬詰
◇試合時間　1時間54分

◇2004年の3年生

小林　雄輝（主将）	小山田　佑樹（立大）	荒川　翔太
三浦　怜一郎	工藤　優輔（岩手大）	田口　孝
佐藤　孔明	伊藤　良	林　陽介
菅原　啓吾	山崎　慶太	下河原　篤史
佐藤　栄誉	伊勢田　誠	田村　雄司
藤村　擁	長谷川　司	西山　賢一
阿部　岳志	菊地　隆文	
小崎　真人	後藤　貴士	

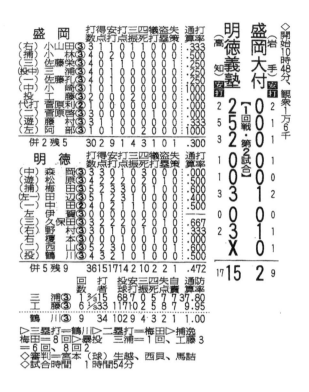

レベルの差に、温かい言葉に驚いた明徳義塾戦

私は普段、野球部員、一般生徒に関係なく、コミュニケーションを密にとることにしています。隙をみてはちょっかいをかけ、いじったりもしますから、生徒たちはもしかしたらうるさいと思っているかもしれませんが（笑）、そういう中から見えてくるもの、築けるものがあると信じているからです。

それなのに、どうしてでしょう。甲子園のベンチでは急に「ひと言足りない」監督になってしまいます。

２００４年の夏は、７度の甲子園の中で最も情けなく、悔しく、生徒にも保護者にも申し訳ない試合になりました。

２－15。

相手が02年夏に初の全国制覇を成し遂げた明徳義塾（高知）とはいえ、あまりに屈辱的な大敗に強いショックを受けました。

この代は前年（03年）の「野獣軍団」と比較すると、まるっきり「ネコ軍団」でした。1番・右翼で出場した小山田佑樹は特進クラスの生徒で、毎日7校時まで授業を受けてから練習に参加していましたから、聞き分けのいい「インテリ軍団」というのが適切かもしれません。「ちょっとパンチに欠けるかなあ」と思ったものの、チーム運営のしやすい代で、秋は県大会優勝で東北大会に進出。2回戦で学法石川（福島）に1－3で敗れてセンバツ出場はなりませんでしたが、夏は一関学院との8－7の接戦を制し、5度目の甲子園切符を勝ち取ってくれました。

この年は、公立校の一関一に後に巨人入りした木村正太投手がいました。秋の東北大会準決勝まで進んだことなどが評価されて21世紀枠でセンバツに出場し、私が「県大会ではウチが勝ったのに……」と怒りを懸命に押し殺した、というのは単なる余談です。本校のエース三浦は木村君と同じ地区出身で、中学時代は無名でした。それが高校では2度も投げ勝つことができ、とても自信になったようです。現在は郵便局員として頑張って働いています。こちらは余談ではりません、念のため。

話を勝負に戻しましょう。

明徳義塾と何がそんなに違ったのでしょうか。

選手の質は、確かに明徳義塾が上でした。鶴川将吾投手、2年生5番で体重124キロの左の大砲・中田亮二選手ら、全日本クラスの選手がそろっていました。正直に言います。試合を前に練習を見に行った時、「これは（勝つのは）無理だな」と思ってしまいました。右打者が右中間のネットにガンガン当てていたのです。ネットの低い左翼は場外へ。打球は速いし、精度の高さに見ほれました。指揮官が「ダメだ」と思ってしまったら、その時点で負けが決まりますよね。

また、本校は当時、甲子園バージョンの「速いノック」を練習していませんでした。県大会まではそれで十分対応できても、高いレベルのチームが集まる甲子園では打球を処理できません。恐怖感を植え付けてしまう危険性はあるものの、うまく左右に振りながらであれば、徐々にスピードボールに対応できるようになるものです。そんなことさえ、してやっていませんでした。

攻撃では、鶴川君から9安打しながらチーム1試合最多タイとなる5併殺を完成させてしまいました。初回無死一、三塁という絶好機を併殺でつぶして無得点。ここで1点でも先行できていれば、これほどの大敗にはならなかったと信じています。今なら、併殺にならない練習もしています。例えば「ゴロを打たない日」や「必ず5本ともフライを打つ日」を設定し、取り組んでいます。16年秋の岩手国体1回戦で対戦した大阪の強豪・履正社は、内野ゴロは2本しか打ちませんでした。そのほかはすべてライナー性の当たりかフライ。いかに徹底されているかが分かる数字ですよね。

一番、悔やまれるのは、投手への「声掛け」が足りなかったこと。明徳義塾の選手たちは、右打者も左打者も本塁寄りのラインぎりぎりいっぱいに立ち、インコースに投げられないように構えてきます。内角を攻められない投手は、甲子園で勝てません。本校のエース三浦も、縦の変化球が良かった工藤も、これでインコースを突けなくなってしまいました。でも、ベースにかぶって構えているということは、ど真ん中に投げられさえすれば、それがインコースを攻めたことになるんです。今なら彼らにそうささやいてやれます。それなのに、このときの私は、それを伝える余裕がありませんでした。

甲子園の負け方その5は、

「ひと言足りない」です。

選手に伝えるべき言葉を伝える。基本です。基本中の基本です。でも、うっかりしていると試合展開にのみ込まれて、伝える機会を逸してしまいます。指揮官はやはり落ち着いていなければなりません。明徳義塾戦の後は、いつもながらの「自分は監督としてどうなんだ?」という自問自答に加え、「大人としてどうだったんだ?」「とまで悩みました。26歳で監督になり、好き勝手にやってきて、学んでいるつもりで少しも学んでいなかったことを突き付けられた思いでした。またも自己嫌悪です。

へこみまくっている私に、一つだけうれしいことがありました。敗戦直後のしんどい取材がなんとか終わり、選手たちのクールダウンを見守っていた時、明徳義塾の馬淵史郎監督が私のそばに来られました。

「そのうち勝てるから、諦めずに頑張れ」

このひと言に感激しました。ひと言って本当に大事ですね。

しかも「大差では勝ったけど、圧倒的に勝った気がせえへんのや。ヒットも打たれとるし、（盛岡大附の）エラーがなかったら、あそこまで一方的な展開にはならんかったで」とも言ってくださったんです。

それまでの私は馬淵監督に対して、星稜（石川）・松井秀喜選手の5敬遠でなんとなくダーティーな印象を持っていました（申し訳ありません！）。まさか、大敗して甲子園6連敗となった私に、このような温かな言葉を掛けてくださると思ってもいませんでした。脇村会長の時と同じく、本当に救われた気持ちになりました。

盛岡大附は「努力の集団」と再確認

この大敗から私の〝甲子園最後の夏〟になる08年までの間も、甲子園に出られない中、さまざまな経験をさせてもらいました。

15年目（2005年）＝夏の甲子園出場校・花巻東

メンバーは、及川卓、小田島宏輔、黒沢秀樹、千葉徹、米沢康平、開地陽祐、高橋昌宏、田村智也、留目貢太、若山翔（岩手日報）、池田憲治、小笠原達弥、兼沢悟、金野諒、菅原利満、広沢祐太、日蔭直樹、小沢和生、松坂愛美（マネジャー）でした。

県内生徒が中心のチームで、特筆すべきは4番・一塁手の米沢です。周囲のほとんどが寮生の中、彼は通学を貫いてレギュラーを獲得しました。私は寮生、通学生で区別してレギュラーを選んではいませんが、全体練習終了後の自主練習に割ける時間などを考えると、やはり学校近くの寮に住む選手にアドバンテージがあることは明らかです。

しかし、彼は類いまれな集中力で足りない時間を補いました。さらに彼の素晴らしい点はその集中力を野球だけでなく、授業でも発揮したことです。本校卒業後は、リハビリテーションを学ぶ学校に進学し、現在は盛岡市内にある病院で理学療法士として働き、社会に貢献しています。2勝してベスト16に進出した16年夏の甲子園、2季連続2勝してチーム初のベスト8に進出した17年センバツではチームに帯同し、後輩たちをサポートしてくれました。ありがたかったですし、感慨深いものがありました。私が常々、部員に伝えている「野球だけをしていればいいのではなく、良い人間、愛される人間になりなさい」を体現してくれた生徒の一人です。

野球だけでいい。

勝てばいい。

他種目でも同じような指導があることを耳にし、他人事ながら残念に思ったりもします。そのような指導者には今一度、周囲にいる人の言葉に真摯に耳を傾けてほしいと願っています。「良い選手、良い生徒を育てるためには、自身が他人の言葉に真摯に耳を傾けるような謙虚な人間であること」が大切です。えらそうにと思われるかもしれませんが、これは私が自分自身に対していつも問いかけていることでもあるんです。「これで良いのだ」ではなく、常に「これで良いのか?」と考えることが、自分と生徒の成長の秘訣だと生意気にも言わせていただきます。

本当に野球だけでいいですか?

勝てればいいですか?

さて、この年の戦績を振り返ります。

秋の県大会で優勝し、東北大会に出場。準決勝で優勝した羽黒(山形)に3－9で敗れてセンバツには届きませんでしたが、納得できるスタートを切れたと思います。春も県大会を制し、この時点でウチの校長室には春、夏、秋の優勝旗3本が飾ってありました。

　このままの勢いで夏の大会に挑みましたが、準決勝で盛岡中央に0－3。甲子園出場を逃してしまいました。ワンアウト満塁の緊迫した場面で米沢に打席が回ったのですが、無念の三振。私も悔しかったけれど、本人が一番悔しかったと思います。この時の盛岡中央には、後にプロ野球・楽天で活躍する銀次（赤見内銀次）選手がいました。

「盛岡大附の野球部は決して特別な選手の集まりではなく、努力の集団である」

　米沢の頑張りで、私はこのことを再確認しました。

県大会決勝で初の敗北

16年目（2006年）＝センバツ出場校・一関学院、夏の甲子園出場校・専大北上

　メンバーは大川泰平、工藤雅也、中村祐太、畠山竜哉、山本将、菊池政志、

高橋裕介、田上慧、中村考宏、藤村源、宮崎雄太、岩崎文弥、北川知輝、戸沢雄樹、中村遼太郎、内藤光平、吉田秀行、吉田正和、及川竜太郎でした。現在、岩手県警に勤めている中村遼太郎とエース田上慧、和製大砲・吉田正和を中心として良くまとまっているチームでした。

秋の県大会決勝戦で一関学院に1－4で敗れたものの、県2位校で東北大会に進出。東北大会では初戦(2回戦)で金足農(秋田)に1－3と惜敗し、センバツには結びつけられませんでした。それでも県大会で敗退してそのまま長い冬に入るのと、東北大会まで経験できたのとでは、選手のモチベーション、我々指導者の意識も大きく変わります。とりあえず、東北大会まで行けたのは良かったです。

冬場はさまざまなメニューで選手を追い込みました。暖かいエリアの学校であれば外で打撃練習もするのでしょうが、雪深く、グラウンドのない本校ではできません(今は専用グラウンドがあるので、冬場でも長靴を履いてバッティングをします)。そこで他の部が練習を終えた体育館でゴムボール、そうですね、ソフトテニスのボールと軟球のちょうど中間くらいの固さのものを使い、打ち込みました。トレーニングは腕の力を鍛えるロープ上りや雪上ランニング。呼吸や心臓が苦しくなる、限界ギリギリの状態を狙いました。

そうやって鍛えた彼らの成長に自信を持って春の県大会に挑んだのですが、「まさか」が起こりました。まさか、と言ったら相手校に大変失礼になりますが、初戦で秋8強の一関一に1―4で敗れてしまったのです。

とはいえ、夏の大会までは約2か月あります。ここから早急に立て直しを図り、夏は順調に決勝戦まで勝ち上がりました。

これで、岩手大会6度目の決勝戦です。私の決勝戦での戦績は5戦全勝でした。だからといって油断したわけではありません。むしろ私には、選手たちが意識し過ぎてガチガチの緊張状態にあるように見えました。

試合が始まると不安的中です。全然、得点できません。初回に1点を先制され、4回裏になんとか追い付いた直後の5回表、専大北上の167センチ、64キロの〝伏兵〟夏木堅太郎選手に、田上の甘く入った球をレフトスタンドに運ばれ1－2で負けました。

10年も経ったいまさらですが、思い返してみるとバッテリーを組んでいた田上と中村考宏は同じ中学校出身だというのに試合以外では話もしない関係でした。先日、中村考が「結婚式を挙げます」と報告に来た時、「田上とは今、どうだ？」と尋ねたところ「卒業してから全く連絡を取っていません」と平然と答えられました。

バッテリーは夫婦と同じです。信頼を基に結ばれる関係です。仲が悪いままで、勝てるはずはありません。私は二人の関係に気付けなかったKY監督でした。情けない限りです。

初めて夏の岩手大会決勝で敗れ、閉会式で「準優勝、盛岡大学附属高校」と紹介されるのを聞きながら、私は放心状態で立っていました。式の内容も、岩手県高野連会長の話なども、一部始終全く記憶にありません。

改めて「優勝」と「準優勝」の大きな違いを感じた瞬間でした。

他種目などでは8強に入ればインターハイ等の全国大会に出場できるため、見苦しいまでに組み合わせを調整する指導者が専門部の中枢にいるように聞いています。高校野球の厳しさ、厳格さを見習い、プレイヤーズファースト（選手第一）の精神を実践してもらいたいものだと同僚教員と話したことを思い出しました。高校野球において、夏の代表校は1県にただ一つ（記念大会を除く）、という厳しさをかみ締めました。

甲子園での敗戦も痛いけれど、決勝戦での敗戦も同じくらい痛いです。

初めて知った痛みでした。

最大の理解者は生徒たち

17年目（2007年）＝夏の甲子園出場校・花巻東

メンバーは走攻守三拍子そろった遊撃手として注目された主将の天野政治を

筆頭に、伊藤直樹、須藤博亮、田上諒、長谷川佳祐、中村顕、羽田野淳平、平野智、藤本貴之、吉原誠也、北村拓司、大釜雄太、工藤了、滝川隆太、磯部マルセロアキオ、植聡二郎、北中厚平、福田陽介、桑原啓悟、荒川遼平、三浦翔太（岩手大ー元・ソフトバンク）、吉原誠也、外川裕太、佐藤真吾でした。

本校が初めて迎えた日系ブラジル人のマルセロの存在は、野球部のみならず学校中を明るくしてくれました。八王子ボーイズ（東京）でコーチをしていた教え子の縁で入学してきた彼は、特に野球の技術が優れているわけではなかったのですが、なんと言っても名前にインパクトがあります。一度聞いたら頭から離れなくて、野球部、学校の隠れアイドルとしてみんなにかわいがられていました。

エースの三浦は入学時の身長が168センチ、体重52～53キロの本当に普通の子で、学年が上がるごとに力を付けていった選手です。3年前の小山田同様、特進クラスの生徒だったため7校時終了後の練習参加になり、投げ込みや守備の連係などの練習時間をどう確保するかには頭を悩ませました。しかし、本人が何としても「文武両道」を実践し、甲子園出場と国立大入学の両方を成し遂げたいという強い気持ちで努力していたので、私もできる限りのバックアップをしてやりたいと思いました。とにかく時間がないので、グラウンドに出て来たら〝省略アップ〟で準備。私自身がいかに時間を有効に使うか、省エネで効果的な練習方法はないかと模索した一年でもありました。

時間の使い方については、日大の鈴木博識監督（現・鹿島学園＝茨城＝監督）を参考にしました。鈴木監督は例えば「暑い時にアップはしなくていい。グラウンドに来たらトス打撃をして、体を温めればいい」という考え。では、今まで1時間以上かけていたものを、5分でやったらどうなんだろう。これは極端な時間ですが、どこを削ることができるのか試してみることにしました。チーム全員で行っていたアップをやめ、それぞれが必要なものを必要なだけするように変更。これが結構、うまくいきました。選手たちが自分で時間の使い方を考え、合理的な練習をするようになったのです。

この代は、秋の県大会は準決勝で花巻東に5－6でサヨナラ負け。3位決定戦で専大北上を6－2で下して3位校として東北大会に出場しました。東北では2回勝ちましたが、準々決勝で聖光学院（福島）に3－6で敗退。ベスト8に終わりました。

春も県大会準々決勝で高田に6－7で敗れ、もう一度、気持ちを入れ直して臨んだ夏は、準々決勝でエース三浦が花巻東打線に打ち込まれて1－9の7回コールド負け。それにしても、当時1年生だった花巻東の左腕・菊池雄星君（現・西武）のボールが素晴らしかったのを覚えています。

菊池投手の球のスピードは一級品でした。しかし、この頃はまだ、投手として大切な牽制と牽制球の使い方やバント処理能力がそれほど高いものではなく、点を取る自信はあったので、相手の打線を封じれば勝つチャンスは十分にあると分析していました。

しかし、結果は前述した通り。最上級の素材を目にして、雑草軍団の限界を感じた瞬間でした。しかし、すぐさま我に帰り「監督就任時の気持ちを思い出せ」と自分に言い聞かせたのを今でも忘れません。

油断をするとすぐに弱気の虫が出てきて、私の心を誘惑します。

人のものをうらやむ気持ちは、目の前にあるものを見えなくさせます。

目の前の生徒たちが見えなくなったら、適切な指導はできません。

私の経験から言わせてもらうと、

「他人のものをうらやましく思う」

「自分のことを理解してほしいと思う」

このようになっている人は、疲れています。

少し休んでください。

そして、周りを見回してください。

意外と近くに仲間も理解者もいます。

また、あなたの一生懸命な姿を見ている生徒は裏切りません。最大の理解者は生徒です。だから私たち指導者は生徒のために、を常に心に置かなくてはならないと思うのです。

岩手野球の今昔物語

ここで少し、岩手県の野球について触れておきたいと思います。

1994年の盛岡四以降2016年まで、夏は22年間、公立校が甲子園から遠ざかっていますが(センバツは96年に釜石南、21世紀枠で04年に一関一、16年に釜石、17年に不来方《こずかた》が出場)、私が盛岡大附の監督を引き受けた当時は一関商工(現・一関学院)、専大北上以外の私立校では野球部の強化は厳しい状態でした。

旧制中学からの伝統校である福岡(甲子園出場10度)、盛岡一(同9度)、一関一(同6度)をはじめ、盛岡商(同5度)、黒沢尻工(同4度)、花巻北(同3度)、宮古(同2度)、盛岡三(同2度)、大船渡(同2度)、釜石(同2度)など、公立の雄を中心に岩手の高校野球の歴史が創られてきたことは紛れもない事実です。

歴史がある上にさらに公立校が推薦入試を導入したことで、私立校、特に全くの野球無名校だった本校に県内の有望選手が入学する機会はほぼ皆無になりました。また、野球部専用グラウンド、室内練習場、サポートしてくれるOB会や保護者会などについても、公立校にこそ多くのアドバンテージがありました（私は現在においても、その点では公立校の方がアドバンテージはあると思っています）。

私が就任した当時の本校には、そのどれもありませんでした（専用グラウンドは確保できるようになった現在でも、室内練習場はありません）。日没後の照明は私の自動車のヘッドライトで、照明が消えたと思って見たら、ガス欠でエンジンが停止していたなんてことも珍しくなかったのです。

大会中の球場に足を運んでいただけるとわかると思いますが、高校野球の根強いファンはやはり公立校OBたちが中心になっています。球場は圧倒的に公立校を応援する人で埋まり、私立校の選手にとってはまさにアウェーの状態。公立校への大きな声援は、プレッシャーという形で選手たちに重くのしかかってきます。

その中で私立校が22年連続で（本校9度、花巻東6度、専大北上4度、一関学院2度、盛岡中央1度)勝っているわけですから、これは単純に評価していいと思います。こんなことを書いたら、また叩かれますかね。

私は、盛岡大附はまだ、岩手県の高校野球の歴史のほんの1ページに登場したに過ぎないと思っています。

だからこそ「打倒・私学」と言ってもらえるだけで、正直うれしいのです。当時は「私立は弱い」という見方をされていたからです。「盛岡大学附属高校です」と言っても全く振り向いてもらえなかった25年前のことを考えると、生意気ながらこれまで私がやってきたこともまんざら無駄ではなかったのだと胸をなで下ろす思いです。

生意気ついでに言わせていただけるのなら、岩手県に関してはすべてのスポーツにおいて、公立校が本気になったら私立校に負けるということはあり得ないと思います。だから「公立校でもできるのだ」とか「公立校でよくぞここまで頑張った」という話を聞くと、違和感を覚えてしまう自分がいます。

それは多分、私自身が相手校の恵まれている部分をうらやんだり、相手校の施設、戦力を見て卑屈になったりしたことがないからです（いや、正直に言えば一瞬、そうなったことはありましたが）。そして、それらのことを勝てない理由にしてこなかったからだと思います。ないものはないのです。

各校が今、あるものを最大限に活かし、発想力を最大限に発揮し、本気で野球に取り組むなら、岩手県の野球はさらに進化できると私は信じています。

50歳を過ぎ、教員生活も残り10年弱となった私が、岩手県高校野球のためにできることはなにか、スポーツ指導者の向上のためにはなにが必要かと考えて耳の痛いことを書かせてもらいました。ただ言葉尻だけとらえて失礼、無礼だと怒るのでなく、自分とは違った角度、視点からのスポーツ指導論として読んでいただけたら幸いです。

雪国ならではの練習法

さて、いまさら説明はいらないと思いますが、本校のある岩手県は雪国です。学校所在地は県中心部の盛岡市ですが、ここもかなりの積雪量があります。例年、土のグラウンドで練習できる期間は4月から11月までの実質6か月と少々です。ちなみに夏の岩手大会決勝戦を行う球場は「岩手県営球場」と言い、ここの貸し出し期間は5月1日から10月31日まで。日本海側を除く関東から南では、公営球場は1年間を通して使用可能なことがほとんどでしょうが、岩手は違います。土の上で練習できる期間は本当に限られています。

もっとも、私が高校生だった1980年代とは違い、最近は私立校を中心に室内練習場を持っているのが当たり前のようになってきています。しかし本校には、今現在も室内練習施設はありません。（県内の私立校でも、立派な室内練習場を持っているところはあります）。まあ、持っていないのですから仕方ありません。雪が降ったら体育館やプールを使い、できる練習をします。

冬は基礎体力を付けるために、大変重要な期間です。この期間に培った体力が、夏場に活きます。

また、ボールを遠くに飛ばすには強靭な下半身が必要です。下半身をしっかりと作り上げ、さらに上半身もバランス良く鍛えなくてはなりません。これは、投げることでも同じです。

おそらくスポーツに携わるすべての人が、オフシーズンの大切さを知っていると思います。知っているにも関わらず、多くのチームで、当たり前のことができていないのが現実ではないでしょうか。

ひと冬を越えると、各都道府県の戦力分布図は変わります。春先のチーム状況を見れば、冬の過ごし方が分かります。

ウチには設備がないから、公立校だから、は関係ないと思います。どんなチームでも、ひと冬で変われるはずです。本気で取り組めば、体は大きくなります。体が大きくなれば、できることも増えます。

ここで私の育成方法をいくつか紹介しましょう。

◇澤田式練習法

1　体育館編（体育館を使ってできる練習）

・ロープ登り

これは、本校の柔道部が毎朝行っているトレーニングです。固定されたポールなどとは違い、不安定なロープを登るわけですから、腕力の養成には最適です。上腕二頭筋や握力を鍛えるのにも適しています。仙台育英（宮城）をはじめ、取り入れている学校は全国にたくさんあります。

最近は、肩の弱い選手が多いです。下半身を使えない「手投げ」はダメだと言われますが、手投げにもなっていない力のない選手が、恐ろしいくらい多くなってきています。

・ゴムボールを使用してのバッティング

単調な体力作りのトレーニングとは異なり、選手たちはみんな喜んで取り組みます。ティーバッティングより実戦に近く、ゴムボールといっても速い球が投げられるので、打者にとっては感覚（反応）を身に付けるためには重要だと思っています。

現在、本校の体育館天井に引っかかっているゴムボールの山が、歴代の選手たちが黙々と練習に励んできた証しです。おそらく100個以上あるのではないでしょうか。

ちなみに、本校に室内練習場があったらもちろん行わないメニューです。普段使用している硬球を打ち込めるなら、その方がいいからです。

・ゴムボールを使用しての守備練習

「お前ら、（軟式ボールとソフトテニスのボールの中間くらいの固さの）ゴムボールなんだからケガなんかしない。恐がるな！」と言って、至近距離から全力でノックします。

はっきり言わせてもらうと、かなり危険なメニューです。何人、病院に連れて行ったのか分かりません。ボールが顔に当たって鼻を骨折、折れないまでも目、鼻、口から血が飛び散る。そんなことは一度や二度ではありませんでした。よく訴えられなかったものだと思っています（当時の保護者、生徒に感謝です）。

至近距離からのノックですから、速いボールを捕る練習になります。つまり、実際の試合では打球を遅く感じられるわけで、余裕を持って処理ができます。速いボールをたくさん見ることで目が慣れ、打撃でもボールがよく見えるようになります。ボールがよく見えるようになれば、バットで確実に捕らえられるようになります。

当然、守備も打撃も上手になりますよね。

アイデアだけならお金はかかりませんから、指導者はアンテナを張り巡らせて練習方法を練り上げるべきです。

2 プール編

私の現役時代は「肩を冷やす」などの理由から野球のトレーニングには組み込

まれていなかったと記憶していますが、現在は全身をバランス良く鍛えるのに最も適したトレーニングであると認知されています。ウチでは泳ぐだけでなく、水中でダッシュ、ジャンプ、もも上げをするなど、水の抵抗を利用したハードなメニューもいろいろ取り入れていました。

もちろん野球のための体力作りが目的ですが、私はその前に「しっかり泳げるようになろう」と選手に伝えたかったのです。将来、自分の子供や友だちの子供が水の事故にあうかもしれません。そんな時、子供の命を守れるかどうかは、自分が泳げるかにかかってくるのです。

プールトレーニングは体の鍛錬だけでなく、選手たちの心のリフレッシュにもひと役買ってくれました。龍谷大平安(京都)をはじめ、多くの学校が採用しているようです。ただ、ウチは80人近くの選手を一緒に移動させるので、これが一番大変でした。

3 根性論編

根性野球が当たり前だった私の若い頃と異なり、最近は練習中での水分補給は常識です。炎天下であれば、指導者は給水のタイミングにさらに気を使わなくてはなりません。また、例えば昔はよくやっていた「うさぎ跳び」は下半身の強化にはつながらず、「ひざを壊すだけである」と科学的に証明されているため、行うチームは今時ないでしょう。こうした前近代的な練習、指導が見られなくなってきた結果、不必要に身体を壊す選手は少なくなりました。

それはそれでいい面も多々ありますが、私にはそれによって失われたものも少なからずあるように思えるのです。

「決まった時間以外は、水を飲ませないこと」
「うさぎ跳びなどの根性的なトレーニングをさせること」

これらには、それなりの意味があったように思うのです。

火事場の馬鹿力のように、窮地に追い込まれた場面で出る(出せる)力は、そういった理不尽な環境の中で身に付くものだと私は考えます。「理不尽な環境を作らない」のは「窮地に追い込まれた場面を作らない」ことです。

前述しましたが、「虎（生徒）の牙を抜き、猫にする」と勝てません。これは野球の試合に限ったことではなく、その後の人生にも当てはまることです。指導者、親は生徒、子供に「虎になる場面」を理解させ、「猫でいなければならない場面」を教え込まなくてはなりません。このことを徹底させるには「理不尽、根性」指導も時として必要なのです。

もちろん指導者も親も、最後の一線を越えてはいけません。

最後の一線を越えない、ギリギリのところを保って指導する。監督になってかなりの長い期間、私は一人で１００人近い選手をこうやって見ていたわけですから、今思い出すと恐ろしくなります。厳しい指導は、指導者の目が行き届かないと事故を招きます。その時はとにかく夢中で怖さはありませんでしたが、事故が起きずに済んで良かったと今は思うばかりです。私は根性論も、根性的なトレーニングも、子供たちの成長のためには大切であり、必要だと現在でも信じています。

そして、根性論、根性的トレーニングと同じように必要だと感じているのが「組織の力」です。私が一人で指導していた頃は、全部自分でやらなければならないと思い込んでいて、人に任せることができませんでした。キャパシティオーバーの状態で生徒に向き合うのは、実は生徒のためになっていません。まるでピエロのようでした。

それに気付いた時、私は関口コーチ(現・監督)に内野ノックを任せることができました。任せられるところは人に任せ、責任を持って取り組んでもらう。それによってコーチも育つし、私自身にも余裕ができます。余裕ができて初めて分かること、教えられることは多いと思います。

コラム 5

私の指導に影響を与えた先生④

〝真実〟は見えないところにこそある 仙台(宮城)・鈴木直勝元監督

駒大苫小牧・香田監督、仙台育英・佐々木監督、黒沢尻工・石橋監督と続いて、次は鈴木先生(畏敬の念を込めてこう呼びます)を紹介します。いや、もう豪快でした。

仙台(宮城)から上智大に進学し、その後は社会人野球の三協精機、日通浦和を経て、自営業のかたわら母校・仙台の監督を務めました。投手を作ることに関しては本当に非凡な能力があり、さらに「投げる」ことについて独特の理論を持っていました。

以下、いくつか〝鈴木伝説〟を挙げたいと思います。

【真冬の投げ込み】

真冬の、マイナス気温のグラウンドで、投手は500球〜600球を投げ込みます。捕手はみかん箱に入っている200球ほどのボールを2箱分、ひたすらセカンドに送球するという練習をしていました。捕手は肩を痛がる様子を見せていましたが、鈴木監督は全くおかまいなしで送球の様子だけを見ていました。私も選手たちに「鬼」、「獣」などと陰口を叩かれていたほどの〝理不尽団長〟でしたが、その光景を目にして「こんな(冷たい)指導者は本当にいるのか」と驚きを隠せませんでした。

【対戦相手の選手殴打】

練習試合で自校の選手が相手校の投手に死球を当てられました。それだけなら、よくあることです。当てた投手が謝り、当てられた選手は一塁へと走ってゲーム再開です。しかしこの時、相手ベンチから「おいおい、避けられたんじゃねーの」というヤジが聞こえてきました。その瞬間でした。鈴木監督がベンチを飛び出しました。「おーい、お前、ちょっと来い」と言いながら、ヤジの主に駆け寄って行きます。

バチバチバチバチ！

大きな音とともに、ヤジを飛ばした選手の顔はみるみる膨らんでいきます。見ていた人々はあっけにとられ、球場の周囲は何ともいえない雰囲気に包まれました。

「普通やるか？　相手校の選手に……」

これが私の率直な気持ちでした。もちろん、死球を当てられた選手を貶めるようなヤジを飛ばした選手も悪いのですが……。

まあ、今ではとてもできないし、してはいけない指導です。

【審判(澤田)恫喝事件】

私が東北福祉大3年の時のことです。練習が休みだったため鈴木監督に挨拶に伺ったところ、「お前、暇なんやから審判を頼むわ」と言われました。当然、「ノー」という選択肢などあるはずもなく「分かりました」と返事をし、審判の支度をしました。

さあ、プレーボールです。

仙台・小林武彦投手の投げた初球が、ミットに吸い込まれました。審判・澤田の判定は「ボール」でした。その瞬間、「お前、ちょっと来い」です。仕方がないので鈴木監督のところへ行くと、胸ぐらをつかまれ「なめてるのか、この野郎！　どこがボールだ？」と鬼の形相で詰め寄られました。結局、判定をストライクに変え、試合再開です。後にも先にもこんなにプレッシャーのかかる審判をしたことはありません。

私は現在でも審判をすることがありますが、あの時以上のストレスを感じることはなく、清々しい気持ちで、自信を持って判断できています。

とんでもない人ですよね。こんな風に書くと、すごくいびつな関係に感じる方も多いかと思いますが、私は鈴木監督との出会いに感謝しています。怖いからそう言っているのではなく、本当の気持ちです。このことは、先生と少しでも関係を持たれた方であればきっと分かるはずです。

確かに、この常軌を逸した数々のエピソードだけ見れば、鈴木監督は「ただの凶暴なおじさん」でしかありません。でも、この一見、ありえないような指導方法で「東北」と「仙台育英」の2大巨頭がどんと構える宮城県で、1998年夏に甲子園出場を果たしたのです。また、15年間の監督生活の中で、プロ野球選手を4人（丹野祐樹＝ヤクルト、太田敦士＝元・オリックス、江花正直＝ヤクルト、小林大誠＝元・巨人育成）、育てていることからも、その手腕の素晴らしさは伝わると思います。

生徒に対して常に怖い存在でいる。

子供に迎合しない。

鈴木監督の姿勢から、私は大人と子供のあるべき距離感を学ぶことができました。

また、鈴木監督が選手（時には相手校の選手も、監督も）を叱る時はかなり厳しかったけれど、それと同じくらい見えないところで配慮をし、選手たちに何気ない声掛けをしてフォローしていました。そこには、愛情がたくさんありました。だからこそ、選手たちは鈴木監督についていったのだと思います。

さまざまな面で「歴史に残る大監督」でした。
目に見える部分だけが真実ではありません。

第6章

選手を育てきれない

【9日・2回戦 第3試合】◇開始13時37分（2時間12分）
審判 戸塚(球)橘、北田、左海　◇観衆23,000人

		1	2	3	4	5	6	7	8	9	計
（岩手）	安打	2	1	0	0	1	0	1	3	1	9
盛岡大付		0	0	0	0	0	0	0	3	0	3
駒大岩見沢		0	0	0	0	1	3	2	2	X	8
（北北海道）	安打	0	0	0	1	2	3	1	2		9

▶本＝佐藤秀1号（鴇田・5回）▶三＝古川、及川▶二＝佐藤秀

盛岡大付		打数	得点	安打	打点	三振	四死	犠打	盗塁	失策	通算打率	①	②	③	④	⑤	⑥	⑦	⑧	⑨
（左）	熊谷②	2	1	0	0	0	1	1	0	1	.000	遊ゴ		中飛			投犠		四球	
（一）	伊東②	4	0	1	1	0	0	0	0	1	.250	中安		二ゴ			一ゴ		一ゴ	
（捕）	中村③	4	0	1	2	0	0	0	1	1	.250	遊ゴ			遊ゴ		投直		中安	
（中）	伊藤③	4	0	2	0	0	0	0	1	0	.500	左安			三飛			右飛	右安	
（遊）	清野③	4	0	0	0	0	0	0	0	0	.000		中飛		中飛			二ゴ	投ゴ	
（右）	坂本③	4	0	2	0	0	0	0	0	0	.500		一安			一飛		右安		投ゴ
（二）	佐々木③	3	0	0	0	0	1	0	0	0	.000		四球			遊ゴ			三ゴ	遊ゴ
（投）	鴇田③	2	0	1	0	0	0	0	0	0	.500		二併			右安				
投	金沢②	0	0	0	0	0	0	0	0	0										
投	多田③	2	1	2	0	0	0	0	0	1	1.000								左安	中安
（三）	三浦③	2	1	0	0	1	2	0	0	0	.000			三ゴ			四球		四球	三振
併0残6		31	3	9	3	1	4	1	2	4	.290									

駒大岩見沢		打数	得点	安打	打点	三振	四死	犠打	盗塁	失策	通算打率	①	②	③	④	⑤	⑥	⑦	⑧
（中）	青山③	4	2	2	0	1	1	0	0	0	.571	遊ゴ			中安	三振		四球	右安
（右）	川村③	3	0	2	1	1	0	2	0	0	.429	三振			投犠	左安		捕犠	中安
（左）	小平③	4	0	0	0	3	1	0	0	0	.222	三振			三振		二ゴ	三振	四球
（捕）	松本③	3	2	0	0	1	2	0	0	0	.167		二ゴ		四球		一失	四球	三振
（三）	及川③	3	1	2	2	0	1	0	0	0	.250		中飛		四球		左安	右3	
（遊）	古川③	4	1	1	1	1	0	0	0	0	.429		三振		遊直		右3	二ゴ	
（一）	佐藤秀③	4	1	2	2	0	0	0	0	0	.375			右飛		中本	左2		二ゴ
（投）	板木③	2	1	0	0	0	1	0	0	0	.500			中飛		一ゴ	打妨		四球
（二）	高木③	2	0	0	0	1	1	1	1	0	.400			捕邪		四球	三振		三犠
併1残8		29	8	9	6	8	7	3	1	0	.375								

	回数	打者	投球	安打	三振	四死	失点	自責	通算防御率
鴇田③	4 1/3	18	72	2	4	3	1	1	2.08
金沢②	1	7	27	4	1	0	3	2	18.00
多田③	2 2/3	15	65	3	3	4	4	3	10.13
板木③	9	36	110	9	1	4	3	3	3.52

▷暴投　鴇田＝4回

◇2008年の3年生

伊藤 巧(主将)	岡下 慎吾	兼沢　敬
鴇田 優磨	瀧上 泰史	宮田 優樹
中村 健人	有馬 健太郎	湖間戸 将太
多田 倫士	栗沢　健	畑　真博
佐々木 翔也	千葉 裕之	畠山 航輔
三浦 裕之	東　悟士	柳川 将吾
清野 涼平	菅原　諒	
坂本　将	佐藤　翔	

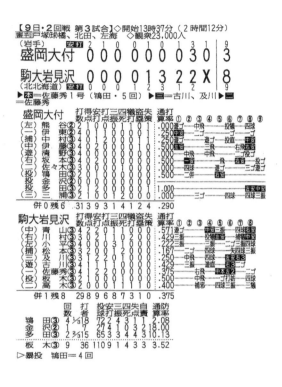

7度目の挑戦も初勝利ならず

私が監督として指導した最後の代、2008年のメンバーは、個性豊かでした。雫石町出身で強面の中村、地元・陸前高田市でやんちゃの限りを尽くした伊藤主将から、特進クラスでトップの成績だった柳川(後にNHKに入局しました)に至るまで、まあバラエティーに富んだ顔ぶれでした。

秋の県大会は3位でした。これが本当に劇的で、東北大会出場をかけた軽米との3位決定戦は7回表を終わって0－6。コールド負け寸前でした。相手の右腕が打てなかったのです。ここで私の理性が吹っ飛び、ベンチで選手を叱咤、叱咤、叱咤(※注＝手は出していません)しました。私に発破をかけられて選手がようやく本来の落ち着きを取り戻し、7回裏に3点を奪ってコールドを免れると、8回にも3点を返してついに同点。そのままの勢いで9回サヨナラ勝ちしました。

岩手開催だった東北大会でも初戦で帝京安積（福島）に10－3の7回コールド勝ち。2回戦は山形中央（山形）に6－0、準々決勝は青森山田（青森）に6－1でそれぞれ勝利しました。しかし準決勝で、エース左腕・萩野裕輔君（現・東芝）を擁して優勝した東北（宮城）に1－4で敗退。得点のチャンスはまだあったのに、取り損ねました。

ただ、決勝戦で東北が聖光学院（福島）に11－3の〝コールドスコア〟で勝ったため、ウチにもセンバツのチャンスがあるかもと期待して待ったのですが……。選ばれることはありませんでした。

例年通りならセンバツには、東北大会決勝戦に進出した2校が選出されます。ですが、決勝戦のスコア次第では上位進出校で優勝校に惜敗した学校にもチャンスが発生します。マスコミ各社も本校の選出に期待していたようで、冬の間もかなりの数の練習取材を受けました。

これに気を良くした超プラス思考の私は、勝手な妄想をしていました。4度目の東北大会ベスト4なんだから「よく頑張った」、室内練習場や照明設備のない中で練習しているのだから「かわいそう」という発言が、選考委員会でなされるはずだ。よし、今回は行ける（選出される）。しかも、同じベスト4の一関学院・沼田尚志監督から「今回は澤ちゃんだよ」と〝お墨付き〟までもらい、テンションはマックス状態です。キャプテンの伊藤には会見インタビューの練習までさせていました。

迎えた発表当日、ウチの会議室には取材カメラ、記者らが詰めかけ、発表を今か今かと待っていました。午後3時を過ぎると、次々に決定した出場校が発表されていきます。しかし、校長室の電話は鳴りません。最後に希望枠で東北大会ベスト4の一関学院が選出された途端、マスコミが静かに、かつ速やかに退出していきました。仕方のないこととはいえ、私はその撤収のあまりの速さに驚いてしまいました。

一関学院の沼田監督に「ずるいよ」と文句の電話をすると、すぐに「ごめん」と言ってくれました（笑）。やっぱりいい人です。

まあ、甲子園は「棚ぼた」ではなく、自身の力で勝ち取るべきですね。

この悔しさを引きずっていたわけではないのですが、春は県2回戦で久慈東に2－3で負けてしまいました。

実は秋の段階で、私は今シーズン限りで監督を辞めることを決めていました。だから何としても甲子園に出場し、初勝利を挙げて、教え子の関口清治コーチにバトンを渡そう。そう考えて、春の反省点である「打撃」を強化しつつ、夏に向かいました。

最後の夏は、監督として初めて采配を振った時と同じくらいの高揚した感じで指揮を執りました。

初戦(2回戦)は釜石に7－4。

3回戦は一関学院に2－1。

4回戦は福岡に5－2。

準々決勝は専大北上に5－2。

準決勝では盛岡一に8－1で勝ち、決勝に駒を進めました。

相手は同じ厨川地区にある盛岡中央です。

当然、負けることなど微塵も考えていなかったのですが、試合は9回ツーアウトまで0－1と絶体絶命の展開。なんとか一、二塁を作ったものの、ここで打席に入った坂本将の打球はなんとショートゴロ……。万事休すと思った瞬間、私の手首にはめていた数珠のゴムが突然切れ、相手の遊撃手が悪送球しました。二塁ランナーの伊藤主将が生還して同点！　そこからは押せ押せで、延長10回1死二塁から2年生1番・熊谷童夢の右越え適時二塁打でサヨナラ勝ちしました。

私は日頃、神仏を信じているわけでありませんが、この時ばかりは神がこちらにほほ笑んだ、いたずらをしてくれたように思いました。ベンチ前に整列しながら、最後に甲子園で勝負できることのうれしさを噛みしめました。

しかし、7度目の聖地も、私には厳しいものになりました。

駒大岩見沢（北海道）との初戦（2回戦）は3－8。先発左腕・鴇田、2番手で

2年生右腕・金沢龍佑、3番手でマウンドに上がった140キロ台後半の直球を持つ右の本格派・多田の3投手が、相手打線にことごとく痛打されました。8回2死一、二塁、一塁への牽制悪送球で与えなくていい点を献上したのは、カバーリングをしっかり教えていなかったことが原因でした。

攻撃では1回2死二塁の先制機をつぶしました。4番・伊藤の左前打で一気にホームを狙った二塁走者・伊東昂大(元・広島)が憤死。「ストライクゴー」を徹底していれば先取点を取れていた場面です。結局、8回1死からヒットと連続四球で満塁とした後、伊東のファーストゴロの間に1点、3番・中村の2点適時打で3点を返すのがやっとでした。2死一、二塁から重盗を決めたものの、最後まで流れをつかみきることができませんでした。

この試合、投手の替え時を間違えました。

先発した鴇田の打席でエンドランを仕掛け、セカンドゴロ併殺でチェンジ。がっくりした状態でマウンドに行かせるような采配もしてしまいました。

どれもこれも実は、攻守ともに選手を育て切れなかったことに根っこがあります。

甲子園での負け方その6は
「選手を育てきれない」です。

野球の中心は「投手」です。負けない投手、試合を作れる投手、欲しい場面で三振の取れる投手を育てること。これが重要になってきます。1試合を投げ切れないなら、3回ずつをしっかり投げられる投手を3人作る。左がいなければ、野手から探す。強豪校ではないから部員は限られているし、一線級の選手もいない。それなら工夫するしかありません。

いないから「仕方ない」は、入学してくれる選手たちに失礼。そう思って取り組んだはずなのに、しっかりした投手も、勝負強い打者も育てきれませんでした。最後の最後まで、甘かったと反省しきりです。

私の甲子園は0勝7敗で幕を下ろしました。

チーム初出場から7連続初戦敗退は、海星(長崎)、岩国(山口)に並ぶワースト記録です。不名誉な連敗記録が恥ずかしかったのではなく、負け続けた間、私を信じてついて来てくれた選手たちに申し訳ない気持ちでいっぱいでした。応援してくれた保護者のみなさんに対しても、さらにはいろいろと協力をしてくださった学校関係者にも、合わせる顔がありませんでした。

2008年、最後の夏を甲子園で終えることはできた

私が監督を辞めた理由

私が2008年夏限りで監督を退いたのは、甲子園初出場から7連敗という不名誉な記録を作ったことが原因ではありません。監督は若い方がいいというのが持論です。教え子である関口清治(当時31歳)に、三十代で監督をさせてやりたい。最終的にはこの気持ちが、私を監督辞任へと導いたのです。

退任する2年ほど前から、引き際については考えていました。しかし、「甲子園で勝ってから」、「もう1年」、「もう少し」などと迷っているうちに、年数だけが重なっていきました。なかなか踏ん切りがつかなかったのです。

そこで、家族に相談しました。両手を挙げて賛成してくれる、自分の背中を押してくれるのではと思っていましたが、返ってきた答えは想像もしなかったものでした。

「お父さんは本当にそれでいいの?」

「家庭的には助かるけれど、本当にいいの?」

妻も子供たちも、私が迷っていること、「野球バカ」から野球を取ったら何も残らないことをよく分かっていたのです。今まで夫らしいことも、親らしいことも、何一つしてこなかった私に対して、彼女たちはたくさんの不満を持っているはずだと思っていました。それなのにこの局面で、私の気持ちを一番に考えてくれるのか……。

妻の言葉で逆に決断できました。

「うん。辞めよう」

支えてくれた妻、応援してくれたたくさんの方々に、最後は勝利で恩返ししよう。そして関口コーチに引き継ごうと決意を固めた瞬間でした。

結果は前述の通りです。甲子園出場まで、ある意味神がかりと言っていいくらいのドラマがありながら、ついに勝利することはできませんでした。私みたいな者が監督を退いただけでマスコミ各社の話題になったことに驚き、同時にありがたいことだと感謝の念でいっぱいになりました。

しかしその後、本校の同僚教諭から「他校の先生に『澤田先生は甲子園で勝てないから辞めるの？』と聞かれたよ」と言われ、ずっこけました。やはり、世間の人はそう見るのか。そう思われるということは、私は最後まで嫌われ者だったのかなと少し悲しくなりました（私も普通の人間なんです）。

まあ、白状すれば「思い残すことなくすっきり監督退任」というわけではなく「後ろ髪を引かれる思いの監督退任」でした。

格好悪いことですが、これが真実です。

監督辞任後、野球部総監督就任と同時に「生徒指導部長」という学校全体の生徒の成長を見守る役割に就きました。これまでいろいろと手助けしてくれた同僚たちに少しでも恩返しをしたい気持ちからでしたが、外側から客観的に高校野球を見る、野球部以外の本校生徒全員の生活指導をすることで、多くの気付きがありました。

7連敗が教えてくれたもの

私にとって甲子園とは、家族を犠牲にし、学校の仕事もしっかりできなくて他の先生に迷惑をかけ、それでも自分が学校を引っ張っているんだと勘違いさせる場所でした。同時に、生徒や学校に夢や希望を与え、家族も喜んでくれる素晴らしい、憧れてやまない聖地でもありました。

東北福祉大のOB会に行くと「7度も出たのに、1度も生徒たちを勝たせてやれませんでしたね」と後輩たちにからかわれるのですが（もちろん笑ってです）、私の前後の指導者の中では初めて甲子園に行ったのは私で、7度も出たのはそういません。甲子園は人がいっぱいで、わくわくする場所で、あのグラウンドの土を踏めたことは幸せでした。

甲子園出場を決めた時、学校で行われる壮行会で毎度おなじみになっていたセリフがあります。

「甲子園の忘れ物（勝利）を取りに行ってきます」。

結果的には忘れっぱなしでした。

でも、各代の生徒一人ひとりが甲子園での勝利を、先輩たちの思いも引き継いで目指してくれたことがうれしく、指導者冥利に尽きました。彼らの思いに報いることができなかったのは心残りです。一方で、勝ってさらに「野球って面白い！」と思わせることはできなかったけれど、みんなが努力した結果ですから、黒星もまた誇りです。

勝ちたかった。あわよくば優勝したかった。それが正直な気持ちです。全国1勝を目指して何度も挑戦し、努力を重ね、それでも勝てなくて自分の力のなさをさらけ出しました。それでも、勝とうと努力した。そのことは自分がよく知っています。そこは認めてやろうと思っています。

言い訳に聞こえるかもしれませんが、負けは選手たちにとって大きく成長する機会でもあります。考えてもみてください。今までの人生のすべてに勝利した人はいったいどれくらいいるでしょうか？　すべての試合に勝利。すべての試験に合格。付き合う人も結婚する人も、常に一番好きな人。こんなこと、あり得ませんよね？

人間は誰もが多かれ少なかれ「失敗」、「挫折」を経験します。自分の思い通りにいかなかった時にどうするか。指導者の立場から言えば、失敗、挫折をどうプラス方向に持っていけるか。ここが大事だと思います。私の教え子たちの中には「世の中には、努力しても目の前の成果を得られないことがある。しかし、それは人生の敗北ではなく、次のステージで再挑戦する時の力になっている」のだと理解し、大学野球、社会人野球の世界でリベンジを果たした者がいます。野球ではなく、事業での成功につなげた者もいます。そういう報告を聞くと、私たちは「野球を通じて人間を育てている」のだなあと改めて身が引き締まる思いがします。

言い訳ついでにもう一つ。7連敗の一番大きな原因は「準備不足」に尽きると思います。例えば今、甲子園に行く時は当然のようにトレーナーを帯同させます。筋力の低下を防ぐための器具も宿舎に持ち込みます。宿舎でも、練習が終わって戻った後は選手の心身の状態を把握するのに務めなければなりません。

心身のケアがそろってできてはじめて、選手は甲子園という非日常の舞台でベストパフォーマンスができます。

しかし、当時の私は、選手やＯＢの保護者に誘われるたび、外出して飲んでいました。ただ、選手のケアの方が大事だと気付かなかったのかと聞かれれば、答えはノーです。

前述しましたが、私には専用グラウンドも、潤沢な予算もなく、分業できるコーチもいませんでした。そういう環境の中で甲子園を目指し、出場するためには、身銭を切り、大学時代に築いた人脈を大切にしていくことが必要だったのです。本末転倒かもしれませんが、若かった私にはそれ以外の方法は思い付きませんでした。だから、甲子園出場時だけでなく、普段でも急で無理な誘いであっても、宴席の声が掛かればできる限り出席し、笑顔で盛り上げ役に徹しました。

矛盾していますが、それらの誘いを全部断っていたら、甲子園で勝てていたかもしれませんが、出場することはできなかったでしょう。自分のような思い

【23日・2回戦 第4試合】開始15時44分（1時間51分）
審判 桑原(球)小山、川俣、堅田　◇観衆13,000人

		1	2	3	4	5	6	7	8	9	計
（東京）	安打	0	1	0	2	0	1	0	0	2	6
安田学園		0	0	0	2	0	0	0	0	1	3
盛岡大付		0	0	0	2	0	0	0	1	1X	4
（岩手）	安打	0	2	0	3	1	0	0	2	3	11

▶本＝深見1号2ラン（松本・4回）望月1号（大金・8回）▶二＝小山新、松本、深見

安田学園	打数	得点	安打	打点	三振	四死	犠打	盗塁	失策	通算打率	①	②	③	④	⑤	⑥	⑦	⑧	⑨
（二）渋谷③	4	1	1	0	1	0	0	0	0	.250	一ゴ		三振			中飛			右安
（左）百瀬③	3	1	1	0	0	0	1	0	0	.333	投ゴ			中安		投ゴ			投犠
（中）寺沢③	4	0	1	0	3	0	0	0	0	.250	三振			三振		左安			三振
（一）深見③	4	1	2	3	0	0	0	0	1	.500		右飛		左本			二ゴ		右2
（捕）小山新③	2	0	1	0	1	2	0	0	0	.500		右2		三振			四球		四球
（遊）小山拓③	4	0	0	0	2	0	0	0	0	.000		投ゴ		三振			三振		三ゴ
（右）本宮②	3	0	0	0	1	0	0	0	0	.000		中飛			遊ゴ			三振	
（三）宮原③	3	0	0	0	0	0	0	0	0	.000			一ゴ		遊ゴ			二ゴ	
（投）大金③	3	0	0	0	1	0	0	0	0	.000			三振		二ゴ			遊ゴ	
併0　残3	30	3	6	3	9	2	1	0	1	.200									

盛岡大付	打数	得点	安打	打点	三振	四死	犠打	盗塁	失策	通算打率	①	②	③	④	⑤	⑥	⑦	⑧	⑨
(中右)菜花②	5	0	1	0	0	0	0	0	0	.200	一失		一ゴ		右飛		二飛		中安
（左）吉田③	5	0	2	1	0	0	0	0	0	.400	中飛		右飛		中安		中飛		遊安
（遊）望月③	4	1	1	1	2	0	0	0	0	.250	三振		右飛		三振			左本	
（一）福岡③	4	0	0	0	0	0	0	0	0	.000	一邪			二ゴ	遊ゴ			二ゴ	
（二）三浦③	3	1	3	0	0	1	0	0	0	1.000		左安		左安		四球		左安	
走中 友利③	0	0	0	0	0	0	0	0	0										
投 及川③	0	0	0	0	0	0	0	0	0										
(投中)松本②	2	1	1	0	0	0	2	0	0	.500		三犠		左2		三犠		捕ゴ	
（三）去石③	4	0	0	0	1	0	0	0	0	.000		三ゴ		三振		右飛		右飛	
（右）豊田③	3	0	2	2	0	0	0	1	0	.667		右安		中安		左飛			
二 斎藤③	1	1	1	0	0	0	0	0	0	1.000									右安
（捕）奈部川③	3	0	0	0	0	0	1	0	0	.000		遊ゴ		遊ゴ			二ゴ		一犠
併0　残9	34	4	11	4	3	1	3	1	0	.324									

	投回	打者	球数	安打	三振	四死	失点	自責	通算防御率
大金③	8 1/3	38	124	11	3	1	4	4	4.32
松本②	8 2/3	32	115	6	9	2	3	3	3.12
及川③	1/3	1		1	0	0	0	0	0.00

▷暴投　大金2＝1回

を、関口監督や松崎部長にはしてもらいたくありません。私は今、意識的に距離を取って、彼らを見守っていこうと決めています。

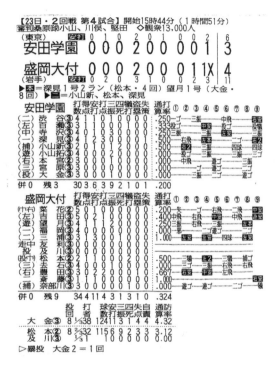

涙で歌った初めての校歌

２０１３年、待ちに待った瞬間が訪れました。第85回センバツ大会2日目（3月23日）、甲子園初出場の安田学園（東京）との初戦（2回戦）で9回サヨナラ、４－３でついに初勝利をつかんだのです。私は総監督として、その瞬間をバックネット裏で見守りました。

10度目のチャレンジは、最後まで一進一退の好ゲームになりました。勝敗を分けたのは、意外にも守備でした。安田学園にファウルフライの目測を誤るなどミスが出た一方、ウチは失策0で守り切れたのです。

３月下旬に開幕するセンバツでは、北国の学校に比べ、雪の降らない南の地区の学校の方が守備は整っていると思います。特にウチは室内練習場がないため、晩秋からは守備練習はほとんどできません。このハンデを埋めようと、関口監督は冬に入るまでに守備の形をいったん作り上げ、春にこれを確認するという方法を編み出しました。選手は練習時間が短いことでより集中し、徹底して課題に取り組むことができました。これでエラーの数がグンと少なくなり、私たちは手応えを持って大会に臨むことができたのです。

「守備のできない学校は、甲子園に出場してはいけない」

これを、関口監督は常々口にしていました。つまり「守備はできて当たり前」で、それに加えて「打撃力を育成」する。この方針を貫き通した成果が、悲願の甲子園初白星を引き寄せたのだと思います。

9回表に3－3の同点に追い付かれて迎えたその裏、1死一、三塁のチャンスを作り、2番・吉田嵐が打席に立ちました。カウント3ボール、1ストライクからの打球は、三塁方向へのボテボテのゴロ(記録は遊撃内野安打)。しかし、三塁走者・斎藤塁が果敢に本塁に突っ込んできます。

セーフ！　サヨナラです。ついに勝ったのです！

彼がホームインした瞬間、私の時間は止まりました。

体中の感覚が無くなり、球場を包む大歓声も全く聞こえませんでした。

しばらくして我に帰ると、甲子園に本校の校歌が流れていました。ホームベース付近に並び、胸を張って校歌を歌う選手を見て、ずっと歌いたいと思っていた校歌を聞いて、ようやく勝利を実感しました。盛岡大附がやっと甲子園で花を開かせた日。私の思いも晴れました。

その夜は、もう大変でした。

卒業生をはじめ保護者、学校関係者、その他お世話になった関係者からの電話、メールがひっきりなしで、パンクしそうでした。ウチの甲子園初勝利を待っていてくれていた人たちがこんなにもいたことに驚かされ、感謝の思いで胸がいっぱいになりました。亡くなったと聞いていた親戚からも連絡があり、安否確認までできたというおまけまで付いてきました。

卒業生や当時の保護者からのメールには、共通した内容が書いてありました。

「甲子園勝利おめでとうございます。監督の時に1勝をプレゼントしたかったです」

「甲子園初勝利おめでとうございます。あの場に先生がいないのは少し寂しい感じがしました」

「やりましたね、とうとう念願が叶いましたね。僕たちの時代に先生の前で校歌を歌いたかったです」

これらを読んで改めて、私は甲子園で勝てなかったんだなと思ったものです(笑)。

自分で指揮を執ったわけではありませんが、それでも甲子園で勝つことはこんなにもうれしいんだと初めて分かりました。そして、応援してくれる人も、意外にたくさんいるんだなと分かりました。言葉では表せないくらいの、すごい体験でした。翌日の新聞には「澤田総監督　バックネット裏で号泣」と写真入りで掲載され、これには少しばかり照れましたが……。

やはり、甲子園は勝つところ。勝たなければならないところなんですね。

私が1995年夏に初出場してから実に18年、教え子である関口監督が甲子園ワーストとなった9連敗で、不名誉な記録を止めてくれました。感謝というよりも「よくぞ、苦しい中やり遂げてくれた」という気持ちでした。

2013年センバツ2回戦・安田学園戦でサヨナラ勝ち。
夢に見た甲子園初勝利に涙した

コラム6 私の指導に影響を与えた先生⑤

反骨精神に火をつけた後輩
明秀日立（茨城）・金澤成奉監督

５人目は大学の１学年後輩です。金澤監督は光星学院（青森＝現・八戸学院光星）前監督で、甲子園ベスト４監督であり、バッティング指導には定評があります。16年のセ・リーグ首位打者に輝いた巨人・坂本勇人遊撃手の恩師でもあります。同時期に同じ東北地区で監督をしていたこともあり、互いに刺激し合える関係でした。選手を見に行く際に新幹線や車で一緒になり、野球談議をよくしました。

「成奉、お前なピッチングは〇〇だと思うぞ」

「先輩、よく言いますな。甲子園で勝ったこともないのに」

「おい、ウチはなあ、お前のところのように特待生を取れる環境にはないんだよ。それに、頻繁に出張や遠征できるようなお金もないんだよ」

「先輩、そんなの勝てない言い訳にはなりませんよ」

と、いつもこんな調子でした。

金澤とは体型も似ていて、大学時代から兄弟のように何でも言い合える関係でしたから、周囲で聞いているとどちらが先輩か分からないところもありますが、それも含めて「金澤成奉」なのです。

関西への出張の際、少しでも経費を安くしようと考え、大阪の金澤の実家に泊めてもらったことがありました。1日目は、彼の家族から豪華なもてなしを受けました。しかし、翌朝起きると、「自由に(部屋を)お使い下さい」という内容の置き手紙だけがあり、誰一人家にはいませんでした。結局、私は金澤家を拠点にしてレンタカーを使い、中学校を十数校見学して回りました。くどいようですがその3日間、金澤家を守ったのは私でした。私に家を丸々、預けてしまうなんて家族も含めて不思議です。まあ、生徒募集というものは競争でもありますから、自分の手の内は先輩であっても見せられないということでしょう。それにしても冷たい男です（本当は、一緒に回りたかったなあ）。

冗談はさておき、話を戻します。彼の指導は徹底した縦社会を野球部内に構築し、練習も寮内での生活も管理することで生徒を育てるやり方です。これは、一見すると酷いやり方のように思われがちですが、それをやり通すということは、監督自らもその中で生活するということです。家族を顧みない状態になります。

私の息子と同学年の彼の息子は、盛岡大附で預かりました。しかし父親はほとんど盛岡に来ませんでした。実の子より生徒が優先。それが、人として正しいかどうかは賛否があるでしょうが、少し前まで新鋭に過ぎなかったチームを甲子園常連校に育て、同時に巨人・坂本選手をはじめ多くのプロ野球選手を育てたことは評価に値するのではないでしょうか。

彼は、私のような一教員という立場ではなく、理事長付き副教頭という役職を拝命していたため、お金、時間ともあまり気にせず自由に動けていました。その環境をうらやましく感じたことはありましたが、それがまた「だから負けられない」という自分自身の反骨精神に火をつけてくれ、頑張れたという部分もありました。

なんだかんだ言っても、金澤がいたから私は頑張れたのかもしれません。彼は昔から頭の回転が速かったので、もしかしたら憎まれ口を叩くことで私の反骨精神を刺激していたのかもしれません。

「先輩、置かれた状況を恨んで弱気になっていられませんよ」

「先輩、勝ってください」

というような、後輩からの叱咤激励で私は18年間頑張れたのです。

私の元気の源は金澤成奉君、お前だったのかもしれないね。

「なに、甘いこと言ってるんですか。頭、おかしいんじゃねえの?」

そんな成奉の声が、また聞こえてくるようです。

初めて甲子園で校歌を歌った2013年のセンバツは忘れられない

第7章

新たな道で

生徒指導部長の澤田です

野球部監督を退き、盛岡大附の生徒指導部長になって早くも9年になります。総監督も退いたこの4月からは、教頭の任も仰せつかりました。

本校に勤務して以来25年間、集会や行事の開催、指揮、生活指導、しつけ指導も先頭に立って行ってきました。２００２、03年には、野球部を指導しながら少年補導員もしました。月に1度の当番制で午後5時から7時頃まで、盛岡駅周辺をパトロールするものです。

ですから生徒指導部長を打診された時は、これまでの活動の延長としてリーダーシップを取り、自身の理想とする「生徒指導」をやろうと思いました。野球に注いだ情熱を、今度は本校全ての生徒に対してというように対象を広げ、実践することで「よい学校」、「よい生徒」へと導くことが学校に対する恩返しになると思って快諾したのです。

しかしいざ、生徒指導部長として生徒に接し始めてすぐ、さまざまな問題にぶつかりました。例えば、服装、頭髪の指導についてです。制服を正しく着せる、頭髪を規則通りにさせるというのは、そのこと自体が目的ではありません。

なぜこれが規則に違反するのか？

なぜ団体生活ではルール、規則を遵守しなければならないのか？

先生に怒られるから直す、従うではダメです。なぜそうしなければならないのかを生徒に納得してもらい、自分の意志で正すように指導しなくては意味がないし、彼らの成長もありません。今更ながら、そう気付きました。

3年間ではなかなか理解してもらえないことも多いのですが、私はこのことを常に頭に置き、粘り強い指導を心掛けるようにしています。

さらに、野球の指導をしているだけでは分からなかったことも理解するようになりました。

私は学校の授業だけでなく、部活動の指導を担当していて休みもなく、大変なことが多いと常々感じていました。しかし、学校の中の仕事もグラウンドの中の指導も、どちらも甲乙つけがたい大事な仕事です。学校の中の仕事がメインになって初めて、大会期間中など私が不在の時は、他の先生方がいかに補助してくださっていたのかを知り、恥ずかしくなりました。

また、それまで野球部の男子生徒を中心に指導してきたため、女子生徒の指導には自分自身少々苦手意識もあったのですが、ある時、こんなことがありました。

グループ内でのトラブルで、女子生徒2人が仲間外れになり、私に助けを求めてきたのです。思春期の女子の気持ち、考えを理解するのは大変でしたが、私はとにかく体を張り、休み時間も体育の時間も昼食の時間も、とにかくまめに様子を見に行き、声を掛けました。自分が考え得るありとあらゆることをして、彼女たちの高校生活を守る努力をしました。

そして卒業式の日、その2人から手紙をもらいました。

「先生に相談して良かったです。モリフに入学して良かったです」

そう書いてありました。

県大会を制して甲子園大会に出場することは、本当にうれしいことです。それと同じくらい、一人の社会科教諭として生徒から感謝の手紙をもらえたことは喜びでした。あの卒業式は、「野球の澤田」ではなく「教諭の澤田」が本当の意味で盛岡大附の一員になった日だったと思っています。


今、毎日が充実しています。

生徒指導部長の仕事には、私の苦手としているさまざまな事務処理、デスクワークが山のようにあります。体を動かすことを中心に働いてきた私にはつらいことも多いのですが、同時にたくさんの勉強もさせてもらっています。

本当に「長」という職は忙しく、なおかつ責任が付いてきます。どうせ「長」をしなければならないのならば、「校長」がいいですね。一生のうち一度は、学校のトップとして理想の教育を実践してみたいという野望もあります（笑）。

どこまでも、欲張りな澤田です。飽くなき野望です。

野球部のことは、松崎部長（右端）、
関口監督（右から2人目）に安心して任せている

教育と指導の矛盾点

長い間、高校教諭&野球部指導者をしてきて、岩手県を制して代表校として甲子園に出場するために行う選手への指導と、しっかりとした大人になるために必要なことを教える教育とでは、大きな開きがあるような気がしています。

すべての競技の指導に共通していると思いますが、「勝利」に重きを置いて生徒を指導する場合、どうしても人間性（人柄の良さ）が軽んじられます。考えてもみてください。勝つためには、相手のスキをついた攻撃、相手の嫌がる攻撃をしなくてはなりません。これはどのスポーツでも、大なり小なり行っているはずです。

一方、学校教育の現場では「己の欲せざるところ、他人に施すことなかれ」と教えています。「人の嫌がることをしてはいけません」と言いながら、試合に勝つために「人の嫌がることをしなさい」と要求するのです。こんな矛盾を生徒たちは日々受け入れているわけです。当然、人格に裏表も育ちます。この上さらに「周囲から愛される、応援される生徒になろう」という、真に都合のいい要求までしてしまっている指導者がほとんどではないでしょうか。

自分の指導の「矛盾」に気付き、悩み、苦しみながら指導方法を模索している先生方がいる反面、矛盾にすら気付けず、自分の指導を「まさに教育だ」と勘違いしている幸せな先生方も残念ながら存在します。

そこで私はいつも、こんなことを自問自答しています。

これでいいのか？

生徒のためになっているのか？

自分の言動は間違いでないのか？

こんなことを書いていると、「名選手で、人格的に優れている選手はそもそもいないでしょ？」と思われるかもしれませんが、決してそんなことはありません。現に元・メジャーリーガーの松井秀喜選手や元・日本ハムの稲葉篤紀選手らは、技術も人間性も抜群です。

では、どうすればそのような生徒、選手を育てることができるのでしょう。選手として勝つ喜びを覚えさせ、その後に人間性を育てる。

私は、この順番が、すさんだ体験を重ね、大人に対して不信感しか持っていない生徒に対しては効果があると思いました。しかし、その方法がすべての生徒、選手に通用したわけではありません。

やはり、生徒は生き物です。万人に共通するマニュアルはありません。教員、監督にはどれだけ多くの経験をするかが大切で、それが次の指導、教育に生かされていくものであると日々痛感しています。

最近の少年野球事情

本校では、オープンスクールを夏と秋の2度、行っています。

ここで毎年、100人ほどの中学生を目にする機会がありますが、バッティングはとてもいいのに守備が下手な選手だらけだなと感じています。

それはなぜでしょう?

私なりに考察してみました。

「バッティングセンターの充実」

これが一つの要因だと思います。

子どもに「野球がしたい」と言われた保護者は、手っ取り早くバッティングセンターに連れて行き、打たせます。だからバッティングは上手になります。

しかし守備は教えられる人が少なく、かつ練習場所があまりありませんから、なかなかうまくなれません。捕ったり投げたりという練習ができないのですから、肩の強い選手が育たないのは当然です。

毎年、ドラフト会議で「金の卵」たちが指名され、華やかなプロ野球の世界へと進んで行きますが、よくよく注意して見て下さい。高卒で入団し、1～2年程度で自由契約になる選手と、一軍登録はされていなくても5年以上契約を更新され、現役引退後も球団職員などで残ることができる選手と、大きく分けて二通りいます。

その差はなんでしょうか？

性格がいいか悪いか。ここが大きな分かれ目になると聞いています。これは、何もプロ野球の世界に限ったことではありません。一般社会でも同じです。私が生徒に「応援される生徒になれ」、「謙虚であれ」と言い続けている理由の一つは、ここにあります。例えば野球部員なら、

野球をしている時。

甲子園に行けた時。

新聞、テレビなどで大きく取り上げられた時。

こういう時には周囲は温かい目で見守り、応援してくれます。ちやほやして

くれる人もいるかもしれません。

しかし、野球を終えて一人の生徒に戻った時、高校や大学を卒業して社会人になった時に謙虚でいられなかった場合、周囲からの応援、サポートを失います。それどころか、足を引っ張られることも少なくありません。でも、恨んではいけません。これは、すべて自分の行いの結果です。

「人間は、一人で生きているのではない。さまざまな人たちの支えがあって、現在の自分がいる」

教え子たちにはこのことを忘れず、社会で生き生きと活躍してほしいと私は願っています。

高校野球も、学校も、家庭にしても、結局のところ「愛」がなければすべてうまくいかないと思います。

「愛」という字には「心」という文字が使われています。

「愛」とは、自分と向き合う人のために必死になることです。

自分と向き合う人のために「必死」になる。

この姿勢を相手に見せることで、相手はその思い＝愛を感じます。愛を感じれば、互いが必ずいい方向に向かうと私は思います。

高校野球であれば指導者が選手に、学校なら教諭が生徒に、家庭においては親が子供に「愛」を示す。もちろんその逆もあります。選手が監督に、生徒が教諭に、子供が親に「愛」を示す。「愛」をもらった指導者、教諭、親は、よりいっそう選手の、生徒の、子供のために何かをしようと思えるのではないでしょうか。

私が野球部の選手たちに「愛」を示した結果が、甲子園出場でした。教諭なら生徒の成績向上、志望校合格というのも成果の一つになるでしょう。家庭であれは、円満という最良の居場所が生まれることにつながります。

他人の悪い部分、嫌なところを挙げるのではなく、良い部分を見つけ、ほめることも「愛」です。長所を見つけ、ほめることによって力を引き出し、成功に導くこともできるのです。

高校野球の神髄は「人を育てる（人間教育）」だと思います。

人を育てること。つまり、「愛（心）」を育てることです。

心が未熟なままだと、スポーツバカになります。

生徒の力の方向を間違えて引き出してしまうと、犯罪でも何でもする人間に育ってしまう可能性が大きくなります。

「愛（心）」を持った教育が「愛（心）」を育て、生徒の無限の可能性を引き出す。

彼らの力を１００％出せるようにしてやることが、幸せにつながると私は信じています。

自分より幸せな大人を作る

私なりの「教育」の定義は「自分よりも幸せな大人を作る」です。
昔は親が子供の将来を心配するあまり厳しく接し、時には手が出てしまうことも普通にありました。「ありました」と意識的に過去形にしたのには、理由があります。近年の親子関係には「?」と首をかしげるような、理解しがたい部分が多く見られるようになってきたからです。

親子関係というより、友だち関係の延長と表現した方が適切かもしれません。それが家庭内だけに限定しているのであればいいのかもしれませんが、人間は他者と関わらずに生きてはいけないものです。地域の人々、先輩、後輩、会社に入れば上司など、「上下」が生じる関係はいくらでもあります。

普段からそうした関係に慣れていない子供は、「上下」の区別が必要である場面で、適切な対応ができません。本人にそんな気はなくても「失礼だ」と誤解され、相手に不愉快な思いをさせたせいで、社会であれば契約が取れない、クレームを付けられるなど不本意な結果を招きます。そういうことを繰り返すうちに、社会不適応のレッテルを貼られてしまうことも決して珍しいことではないと思います。

果たしてこの責任は、誰にあるのでしょうか。

もちろん、本人に全く非がないとは言いません。もしそれまでに教えてもらっていなかったとしても、その場、その場で対応の仕方を勉強していけばいいのですから。ただし、一番身近な「上下関係」を構成する保護者が最初から教えてやっていれば、そんな苦労をさせることもありません。だから保護者の責任は重大だと考えるのです。

これを読んだ方から「じゃあ、お前はそんなに立派な大人なのか？」、「お前はしっかり子供を教育したのか？」というご批判があるのは重々、承知の上で言わせていただきます。

「親子は横の関係ではありません」

「親子は友だちではありません」

親が子を育てる時は「愛」を持って育てますし、子は親に対して「畏敬の念」を持って接するべきです。これは本当に難しく、理想であって現実的ではないこともわかっていますが、だからこそこの原点、理念を今一度、胸に刻んでいかなければならないのでしょうか。

教えるべきことは、反発されても教える。それが幸せの一歩だと信じます。「自分より幸せな大人を作る」ために、私はこれからもそれを忘れずにいたいと思います。

澤田監督の公式戦全成績

3回戦 4－0 金ケ崎
4回戦 3－0 黒沢尻工
準々決勝 4－6 久慈商

◇1993年秋～94年夏

▽秋季盛岡地区予選
1回戦 16－0 盛岡南
代表決定戦 7－5 盛岡西
▽同県大会
2回戦 7－0 一関一
準々決勝 8－1 福岡
準決勝 4－3 水沢
決勝 3－1 専大北上
▽同東北大会
準々決勝 4－1 山形中央（山形）
準決勝 3－6 秋田（秋田）
▽春季盛岡地区予選
1回戦 9－6 盛岡南
代表決定戦 3－4 盛岡中央
▽岩手大会
2回戦 5－0 盛岡南
3回戦 8－11 専大北上

◇1994年秋～95年夏

▽秋季盛岡地区予選
1回戦 6－1 盛岡市立
同代表決定戦 6－3 盛岡工
▽同県大会
1回戦 8－0 遠野・情報
2回戦 8－1 水沢商
準々決勝 11－1 久慈工
準決勝 8－1 一関商工
決勝 12－5 専大北上
▽同東北大会
準々決勝 7－0 相馬（福島）
準決勝 0－1 東北（宮城）
▽春季盛岡地区予選
1回戦 16－0 雫石

◇1991年春～夏

▽春季盛岡地区予選
2回戦 3－7 盛岡北
▽岩手大会
1回戦 6－4 久慈山形
2回戦 5－6 雫石

◇1991年秋～92年夏

▽秋季盛岡地区予選
1回戦 3－6 盛岡四
▽春季盛岡地区予選
2回戦 9－13 盛岡四
▽岩手大会
2回戦 17－7 宮古商
3回戦 1－2 花北商

◇1992年秋～93年夏

▽秋季盛岡地区予選
1回戦 7－0 平館
代表決定戦 10－0 盛岡工
▽同県大会
2回戦 9－0 釜石南
準々決勝 3－1 軽米
準決勝 2－1 専大北上
決勝 1－2 久慈商
▽同東北大会
1回戦 3－4 仙台工（宮城）
▽春季盛岡地区予選
1回戦 13－6 盛岡四
代表決定戦 9－2 盛岡商
▽同県大会
1回戦 7－1 一関二
2回戦 6－0 遠野
準々決勝 7－1 高田
準決勝 1－5 久慈商
▽岩手大会
2回戦 7－0 紫波

準々決勝	5－3	大船渡
準決勝	5－2	花北商
決勝	7－3	水沢

▽同東北大会

1回戦	10－9	八戸工大一（青森）
準々決勝	3－2	磐城（福島）
準決勝	12－13	日大山形（山形）

▽岩手大会

2回戦	7－3	盛岡市立
3回戦	7－0	大槌
4回戦	3－1	福岡
準々決勝	5－0	大東
準決勝	6－0	前沢
決勝	4－3	花北商

▽全国選手権大会

1回戦	0－2	東筑（福岡）

◇1996年秋～97年夏

▽秋季盛岡地区予選

1回戦	11－2	雫石
代表決定戦	15－5	盛岡商

▽同県大会

2回戦	11－1	大船渡工
準々決勝	3－4	水沢

▽春季盛岡地区予選

1回戦	13－1	盛岡農
代表決定戦	11－4	盛岡市立

▽同県大会

2回戦	10－1	高田
準々決勝	6－4	一関商工
準決勝	7－13	花巻東

▽岩手大会

2回戦	6－0	花巻農
3回戦	10－0	水沢工
4回戦	1－0	盛岡商
準々決勝	8－1	久慈
準決勝	6－8	花巻東

代表決定戦	7－0	不来方

▽同県大会

1回戦	8－1	岩谷堂農林
2回戦	7－0	久慈
準々決勝	13－3	花巻北
準決勝	9－1	大船渡工
決勝	0－3	専大北上

▽同東北大会

1回戦	6－3	酒田工（山形）
準々決勝	2－4	聖光学院（福島）

▽岩手大会

2回戦	2－0	盛岡四
3回戦	10－0	一関一
4回戦	10－0	水沢一
準々決勝	2－1	花北商
準決勝	8－1	高田
決勝	10－0	花巻北

▽全国選手権

1回戦	5－7	高知商（高知）

◇1995年秋～1996年夏

▽秋季盛岡地区予選

1回戦	7－0	盛岡商
代表決定戦	3－1	盛岡工

▽同県大会

1回戦	5－2	花北商
2回戦	3－2	専大北上
準々決勝	7－1	大船渡
準決勝	12－0	前沢
決勝	7－1	釜石南

▽同東北大会

2回戦	2－4	秋田（秋田）

▽春季盛岡地区予選

1回戦	17－0	盛岡商
代表決定戦	2－0	盛岡市立

▽同県大会

1回戦	4－2	黒沢尻北
2回戦	4－0	一関一

◇1999年秋～2000年夏

▽秋季盛岡地区予選

2回戦	10－0	盛岡北
代表決定戦	9－1	雫石

▽同県大会

2回戦	3－2	大船渡
準々決勝	5－4	盛岡中央
準決勝	4－5	黒沢尻北
3位決定戦	8－1	宮古工

▽同東北大会

1回戦	5－4	弘前実(青森)
2回戦	1－3	秋田商(秋田)

▽春季盛岡地区予選

2回戦	17－7	盛岡南
代表決定戦	6－0	盛岡工

▽同県大会

1回戦	13－5	一関一
2回戦	14－2	花巻南
準々決勝	9－2	釜石南
準決勝	3－12	専大北上
3位決定戦	8－7	釜石商

▽同東北大会

1回戦	5－11	秋田商(秋田)

▽岩手大会

2回戦	2－3	久慈工

◇2000年秋～01年夏

▽秋季盛岡地区予選

1回戦	34－0	岩手
2回戦	4－0	盛岡南
代表決定戦	13－2	雫石

▽同県大会

2回戦	17－1	伊保内
準々決勝	8－0	水沢
準決勝	10－6	花巻東
決勝	0－5	一関商工

◇1997年秋～98年夏

▽秋季盛岡地区予選

1回戦	15－0	盛岡農
代表決定戦	7－5	雫石

▽同県大会

1回戦	6－2	一関工
2回戦	6－9	専大北上

▽春季盛岡地区予選

1回戦	9－6	盛岡四
代表決定戦	11－0	盛岡農

▽同県大会

1回戦	9－0	一関一
2回戦	11－2	黒沢尻北
準々決勝	7－5	一関工
準決勝	7－6	専大北上
決勝	5－7	高田

▽同東北大会

1回戦	5－0	大河原商(宮城)
準々決勝	1－4	秋田商(秋田)

▽岩手大会

2回戦	6－0	水沢商
3回戦	11－5	盛岡北
4回戦	0－7	大船渡

◇1998年秋～99年夏

▽秋季盛岡地区予選

1回戦	5－12	盛岡中央

▽春季盛岡地区予選

2回戦	10－0	盛岡北
代表決定戦	4－5	盛岡商

▽岩手大会

1回戦	7－0	福岡工
2回戦	10－0	岩谷堂農林
3回戦	5－2	一関工
4回戦	7－5	大船渡
準々決勝	5－6	盛岡中央

代表決定戦	5－4	盛岡商

▽同県大会

2回戦	6－2	花巻東
準々決勝	6－4	専大北上
準決勝	2－0	盛岡中央
決勝	2－0	一関学院

▽同東北大会

2回戦	5－3	羽黒（山形）
準々決勝	7－0	光星学院（青森）
準決勝	5－4	仙台育英（宮城）
決勝	0－3	東北（宮城）

▽センバツ大会

2回戦	0－10	横浜（神奈川）

▽春季盛岡地区予選

2回戦	5－2	盛岡商
代表決定戦	5－4	盛岡三

▽同県大会

2回戦	8－1	一関一
準々決勝	13－10	高田
準決勝	8－6	花巻東
決勝	2－3	一関学院

▽同東北大会

1回戦	7－0	仙台商（宮城）
準々決勝	4－2	野辺地西（青森）
準決勝	1－6	仙台育英（宮城）

▽岩手大会

2回戦	2－8	大原商
3回戦	11－0	遠野
4回戦	11－1	釜石商
準々決勝	10－0	大船渡
準決勝	2－1	盛岡中央
決勝	1－0	福岡

▽全国選手権大会

1回戦	6－8	福井商（福井）

◇2003年秋～04年夏

▽秋季盛岡地区予選

2回戦	19－0	盛岡農

▽同東北大会

1回戦	2－6	酒田南（山形）

▽春季盛岡地区予選

2回戦	19－2	平舘
代表決定戦	16－2	盛岡三

▽同県大会

2回戦	6－3	釜石南
準々決勝	7－5	花北商
準決勝	7－6	一関学院
決勝	20－12	専大北上

▽同東北大会

1回戦	0－9	仙台育英（宮城）

▽岩手大会

2回戦	9－0	久慈
3回戦	9－2	水沢
4回戦	12－0	葛巻
準々決勝	10－3	盛岡中央
準決勝	4－0	福岡
決勝	4－1	専大北上

▽全国選手権大会

2回戦	1－4	近江（滋賀）

◇2001年秋～02年夏

▽秋季盛岡地区予選

2回戦	11－0	盛岡三
代表決定戦	1－2	盛岡四

▽春季盛岡地区予選

1回戦	1－2	盛岡農

▽岩手大会

1回戦	3－0	一関農
2回戦	10－3	大槌
3回戦	10－0	黒沢尻北
4回戦	1－0	水沢
準々決勝	2－3	盛岡商

◇2002年秋～03年夏

▽秋季盛岡地区予選

2回戦	17－0	紫波

▽同東北大会

2回戦	7－0	八戸工(青森)
準々決勝	7－4	東海大山形(山形)
準決勝	3－9	羽黒(山形)

▽春季県大会

2回戦	9－7	一関学院
準々決勝	3－2	金ヶ崎
準決勝	6－3	花巻東
決勝	11－3	専大北上

▽同東北大会

1回戦	5－7	羽黒(山形)

▽岩手大会

2回戦	20－1	黒沢尻工
3回戦	11－4	千厩
4回戦	8－1	久慈
準々決勝	8－0	一関一
準決勝	0－3	盛岡中央

◇2005年秋から06年夏

▽秋季盛岡地区予選

2回戦	0－1	盛岡工
敗者復活2回戦	3－2	盛岡一
同3回戦	10－1	紫波総合
同4回戦	10－0	盛岡工
第3代表決定戦	9－2	盛岡中央

▽同県大会

1回戦	7－0	水沢
2回戦	7－0	一関修紅
準々決勝	10－3	盛岡四
準決勝	7－0	花巻東
決勝	1－4	一関学院

▽同東北大会

2回戦	1－3	金足農(秋田)

▽春季県大会

2回戦	1－4	一関一

▽岩手大会

2回戦	9－2	遠野緑峰
3回戦	3－1	水沢工
準々決勝	11－1	盛岡工
準決勝	10－0	盛岡三
決勝	3－1	不来方

▽同県大会

2回戦	12－3	花巻南
準々決勝	10－0	軽米
準決勝	3－0	久慈工
決勝	1－0	一関一

▽同東北大会

2回戦	1－3	学法石川(福島)

▽春季県大会

2回戦	3－1	高田
準々決勝	7－8	花巻東

▽岩手大会

2回戦	2－0	福岡
3回戦	6－0	一関工
4回戦	7－1	水沢工
準々決勝	5－2	一関一
準決勝	7－0	花巻東
決勝	8－7	一関学院

▽全国選手権大会

1回戦	2－15	明徳義塾(高知)

◇2004年秋から05年夏

▽秋季盛岡地区予選

2回戦	6－1	盛岡南
準々決勝	3－4	盛岡三
敗者復活3回戦	4－3	盛岡工
同4回戦	11－1	盛岡北
同5回戦	8－1	盛岡四
第3、4代表決定戦	12－2	盛岡市立

▽同県大会

1回戦	14－0	花巻南
2回戦	1－0	宮古
準々決勝	9－1	一関学院
準決勝	4－1	盛岡四
決勝	12－11	専大北上

◇2007年秋～08年夏

▽秋季盛岡地区予選

2回戦	8－0	盛岡中央
3回戦	4－2	盛岡三
代表決定戦	2－1	盛岡四
第1代表決定戦	6－5	盛岡一

▽同県大会

1回戦	8－1	花巻北
2回戦	5－4	水沢
準々決勝	5－0	専大北上
準決勝	2－3	一関学院
3位決定戦	7－6	軽米

▽同東北大会

1回戦	10－3	帝京安積(福島)
2回戦	6－0	山形中央(山形)
準々決勝	6－1	青森山田(青森)
準決勝	1－4	東北(宮城)

▽春季盛岡地区予選

代表決定戦	4－2	盛岡商

▽同県大会

1回戦	2－1	花巻南
2回戦	2－3	久慈東

▽岩手大会

2回戦	7－4	釜石
3回戦	2－1	一関学院
4回戦	5－2	福岡
準々決勝	5－2	専大北上
準決勝	8－1	盛岡一
決勝	2－1	盛岡中央

▽全国選手権大会

2回戦	3－8	駒大岩見沢(北北海道)

4回戦	6－0	釜石工
準々決勝	9－2	一関一
準決勝	3－0	大船渡
決勝	1－2	専大北上

◇2006年秋～07年夏

▽秋季盛岡地区予選

1回戦	14－2	盛岡商
2回戦	8－0	岩手
準決勝	8－2	盛岡中央
第1代表決定戦	8－1	盛岡四

▽同県大会

1回戦	4－1	岩泉
2回戦	2－1	黒沢尻北
準々決勝	2－1	江南義塾盛岡
準決勝	5－6	花巻東
3位決定戦	6－2	専大北上

▽同東北大会

1回戦	8－1	仙台一(宮城)
2回戦	1－0	能代(秋田)
準々決勝	3－6	聖光学院(福島)

▽春季盛岡地区予選

代表決定戦	10－0	盛岡南

▽同県大会

2回戦	4－1	北上翔南
準々決勝	6－7	高田

▽岩手大会

2回戦	13－0	福岡工
3回戦	7－0	水沢
4回戦	7－0	大東
準々決勝	4－0	盛岡四
準決勝	1－9	花巻東

あとがき

取りとめのない文章を最後まで読んでいただきありがとうございました。

私が本を出版しようと思った理由の一つに、同僚教諭の涙がありました。岩手県高体連では1競技を除き、地区予選なしで県高校総体に出場できるようになっています。地区予選が免除されないその競技を指導していたのが、私の同僚でした。彼は何度も専門部会議で「他の競技と同じようにしてほしい」と訴えたのにも関わらず、運営側の都合で却下されてきました。「どうして生徒のことを大事に考えないのか」と涙ながらにこぼすのを聞き、改めて「プレーヤーズファースト」の精神について考えたのです。

甲子園で一度も勝てなかったお前に何が言えるのか。そう思う方もいらっしゃるでしょう。でも、挫折続きの中で私なりに取り組んできた「人間教育」が、今まさに懸命に教育、部活動の指導に取り組み、悩んでいる誰かの参考になるかもしれない。それが、子供たちが前を向き、笑顔で過ごすきっかけになるかもしれない。そう思い、恥をしのんで昔を振り返ることにしました。

たくさんの先輩方、後輩、高校野球仲間、同僚教諭のみなさん、いろいろと書き殴り、巻き添えにしてすみません。失礼をおわびさせていただきます。

最後に私事となりますが、これまで支えてくれた家内にこの場を借りて気持ちを伝えたいと思います。

本校の寮は1991年4月1日に完成し、そこから私と生徒たちの〝新婚生活〟がスタートしました。95年6月に結婚した後も自宅でのんびりできるのは正月くらいで、夕食を取って寮に戻るという生活を2003年まで続けていました。遅ればせながら、家内には本当に感謝しています。2人の子供を育ててくれただけでなく、私の母が60代でアルツハイマーになった時も、嫌な顔一つせずに身の回りの世話をし、最期も看取ってくれました。本当に頭が上がりません。ありがとう。私はこの時、生徒の進路相談のために東京に行っていました。実の息子だというのに無責任でした。

家内にはこのように言ってあります。

「退職金はすべて君のものだから」

お金では返せないんですけどね。この思いをどう表現していいか、わからないんですよ。やっぱり野球バカな澤田です。

盛岡大学附属高校教頭

澤田　真一

澤田　真一（さわだ・しんいち）

　1965年5月1日、岩手県釜石市出身。釜石北、東北福祉大では外野手。大学では選手会長も任された。卒業後に三沢（青森）でコーチ、89年から2年間、青森山田（青森）で野球部長を務め、91年4月、盛岡大学附属に赴任して野球部監督。1995年夏にチームを初の甲子園に導いた。春1度、夏6度出場も、甲子園で勝利はできなかった。2008年夏の出場を最後に勇退し、総監督に。17年の選抜を最後に総監督も辞し、4月1日付で盛岡大学附属教頭に就任した。家族は枝美夫人と1男1女。

2017年5月19日　初版

甲子園の負け方、教えます。

著　者　澤田 真一

発行人　佐野 俊郎

発行所　報知新聞社

〒108-8485 東京都港区港南4-6-49

電話　03（5479）1285（出版販売部）

カバー&本文デザイン　トロア企画株式会社

印刷所　凸版印刷株式会社

ISBN 978-4-8319-0148-4